阅读柏拉图

刘小枫 主编

Μενέξενος

默涅克塞诺斯

[古希腊] 柏拉图 著
李向利 译

华夏出版社
HUAXIA PUBLISHING HOUSE

"阅读柏拉图"出版说明

自有柏拉图书,借用我国古人的说法,可谓"天地已洩其秘,而浑穆醇庞之气,人日由其中而不知是道寄于人,而学寄于天"。直到今天,柏拉图书基本上仍囿于学院深宫,向学者不敢也难以问津。其实,前人幼入家塾即接触圣贤心脉,若今高中生也能读到柏拉图书,无论见浅见深识小识大,也莫不有灵魂之辨行乎其间。

喜欢柏拉图作品的读者,心性多种多样,精神爱好也各有不同。即便在今天,一般读者仍然喜欢注释不多的柏拉图译本,否则会觉得有碍阅读时的畅快。少数读者喜欢带长篇笺注的译本,考订语词和辨析文句越琐细越觉得过瘾。柏拉图的《克莱托丰》原文不足万字,有位英国学者作笺注成书竟然有近五百页。

"阅读柏拉图"系列以柏拉图中篇和短篇作品为主,长制作品(《王制》和《法义》)则选取其中相对独立的篇章,添加中等篇幅的注释,为天下读者提供便携便览的柏拉图读本。译者注释以疏通对话脉络为要,即便对人名、地名、典故及特别语词下注,也娓娓道来,力戒繁琐枯燥。译注尤其着力解析对话进程中的机关暗道,提示修辞上的弦外之音,与读者一同深入文本肌理,体味柏拉图笔法之精妙,而中所自得,识见之偏全,则不必强之使同。

柏拉图作品的场景和内在情节至为重要,为有助读者深入理解,我们对作品划分章节,施加章节标题。每章之前,译者均给出简拙题解,以述场景或情节大要,必要时章末(甚至一节末尾)也衍生附释,以示情节突转或袅袅余音。凡此一律用仿宋体与正文区隔,以显经纬之别。

本系列中的译品均以伯内特(Burnet)校勘

的希腊文柏拉图全集为底本,并参考现代西文译本。柏拉图作品虽无不是在讨论极为严肃的人世问题,言辞却贴近日常,翻译时棘手之处比比皆是。要为诸多省略句式和语气小品词找到恰切的中文表达固已困难,而遇到某个语词或说法(短语)有多种义项或一语双关时,要准确选择义项或保持一种译法更不容易。译文为补足语气或文意(针对口语中的省略)添加的语词,一律施加方括号[ ];遇多义项语词或短语需要提示选择性译法时亦然。

柏拉图作品最为基本的教育作用是让我们的头脑变得明智清晰,对自己的灵魂样式多些了解,进而对人世政治亘古不变的复杂性也尽可能多些认识。至于是否像苏格拉底那样有向往高贵、追求纯然不杂的美的爱欲,则由各人的命相精灵掌管。以往的柏拉图研究以及教科书上的柏拉图介绍,往往把读者引向各种形而上学教条。若从对话情节入手,关注文学形式下的思想脉络,我们不难看到，柏拉图笔下的苏格拉底最看重教人如何分辨好与坏、对与错、高尚与卑劣、正义与不义、明智与偏执。面对纷乱的社会歧见，期盼柏拉图作品滋育我们，帮助我们养成慎思明辨的习性，不为众言淆惑，不受偏见拘滞，是为"阅读柏拉图"的设计初衷。

刘小枫
2019 年 12 月

目 录

编译说明 / 1

默涅克塞诺斯 / 1

开 场 / 3

　　苏格拉底嘲讽葬礼演说家 / 8

　　默涅克塞诺斯恳求苏格拉底演示葬礼演说 / 16

苏格拉底的葬礼演说 / 25

　　开场白 / 27

　　赞美阵亡者出身高贵 / 30

　　赞美阵亡者的滋养品和教育 / 33

　　赞美雅典的高贵政制 / 36

赞美阵亡者祖先的高贵行为 / 49

波斯帝国崛起与两次希波战争 / 52

伯罗奔半岛战争与雅典城邦内战 / 65

科林多战争中的大混战 / 80

演说中的演说：阵亡者的劝勉与抚慰 / 94

展示城邦的善后举措 / 106

尾　声 / 111

编译说明

《默涅克塞诺斯》(*Menexenus*)被称为"柏拉图的葬礼演说",在所有的柏拉图对话当中,它或许是一篇最不具备柏拉图对话特点的短篇作品。

首先,显而易见,这篇作品几乎不是"对话"。《默涅克塞诺斯》文本结构独特,只在开头和结尾部分是苏格拉底与雅典贵族青年默涅克塞诺斯的插科打诨式简短对话,中间主体部分则是苏格拉底讲述的一篇公共葬礼演说。

对于该演说辞,苏格拉底声称并非由其本人所作,而是出自雅典城邦最为著名的交际花阿斯帕西娅。鉴于阿斯帕西娅具有非凡的修辞才能,苏格拉底称其为自己的演说术老师,而她更为知名的身份则是雅典著名民主政治领袖伯里克勒斯的情妇。

其次，这是一篇"问题"对话。《默涅克塞诺斯》中存在多处令学界深感困扰的事实扭曲和年代错置问题。例如，苏格拉底"转述"的这篇葬礼演说，回顾了自"希波战争"以来的雅典百年战争历史，最后以公元前386年的"大王和约"作结，而实际上，苏格拉底早在公元前399年就已被雅典城邦判处并执行死刑。

除了上述表面问题，该对话内在方面也问题重重。一方面，该对话呈现的苏格拉底形象非同寻常。柏拉图一改其他对话侧重呈现苏格拉底哲人面相的常规，让他"转述"了一篇意在面向同时代雅典人的颇有政治家风范的公共葬礼演说，罕见地赋予了他"修辞家"身份。

另一方面，《默涅克塞诺斯》处理明显具有政治色彩的公共葬礼演说问题时，同样采用了看似非柏拉图的方式。一般来说，柏拉图对政治问题的处理通常会从哲学角度着手，让苏格拉底通过与不同的对话者对谈，辩证地审查道德或政治问题；在该篇对话中，苏格拉底却并未对该如何更好地发表公共葬礼演说这一问题进行分析探究，其主体部分仅仅是一篇独白式的公共葬礼演说辞。

面对上述种种基本史实错误和非同寻常之处，西方自近代以来的不少研究者往往倾向于简单认为，《默涅克塞诺斯》是柏拉图的一篇戏仿作品，甚至是一篇伪作。不过，我们不能忽略一个自古就有的观点，即这篇对话之所以又被称为柏拉图的"葬礼演说"，其矛头所指的是伯里克勒斯那篇广为人知的葬礼演说，或者更准确地说，是意在回应史家修昔底德《伯罗奔半岛战争志》中呈现的伯里克勒斯葬礼演说。这一观点不乏明确的文本证据：在《默涅克塞诺斯》中，苏格拉底不仅把他要口述的葬礼演说辞归于伯里克勒斯的情妇，还声称该演说辞至少部分是由伯里克勒斯"葬礼演说"的"片段"构成，而伯里克勒斯那篇葬礼演说辞同样是由阿斯帕西娅所作。

众所周知，柏拉图出生时伯里克勒斯已然去世，两人生平并无交集，他对伯里克勒斯那篇著名的葬礼演说的了解，除了听人言说，还有一个或许更直接的途径，那便是修昔底德在《伯罗奔半岛战争志》中根据历史上伯里克勒斯演说的大意，重新创作了"伯里克勒斯葬礼演说"。正因如此，有观点主张将《默涅克塞诺斯》这篇对话，"作为柏拉图针对修昔底德的伯里克勒斯演说而作的苏格拉底式演说"。

然而，在对话作品中广泛省察智识学人的柏拉图，据说在视修昔底德为对手的同时，却从来对之避而不提。如此一来，如果《默涅克塞诺斯》这篇对话确在暗中回应修昔底德，那么柏拉图的锋芒究竟意在何指？或者说，柏拉图选择借助葬礼演说辞的形式重述雅典百年来的战争史，是否暗示修昔底德政治史学与苏格拉底政治哲学之间，在对待城邦事务和传统以及在理解人世政治上存在某种深刻的思想分歧？无论如何，《默涅克塞诺斯》独特的葬礼演说文体和苏格拉底不多见的长篇雅典战争史论述，都使得这篇对话的意旨谜一般扑朔迷离。

亚里士多德在《修辞术》中将修辞演说分为三类：公民大会、议事会等议政场合旨在劝说或劝阻的商议式演说，法庭上诉讼双方或是控告或是辩护的诉讼式演说，以及节日庆典等民众集会上或是赞颂或是谴责的炫耀式演说。这三类演说分别对应不同的时间：商议式演说涉及未来之事，诉讼式演说涉及过去之事，而炫耀式演说则最主要涉及当下之事，"因为所有的赞颂或谴责都是针对既存的人或事，虽然演说者也时常附带采用回忆过去或预见将来的做法"。

根据亚里士多德的这一划分，《默涅克塞诺斯》中的苏格拉底葬礼演说辞无疑属于炫耀式演说，是面向当下的一类言说，尽管根据施特劳斯《修辞术》讲疏中的看法，苏格拉底在演说辞中对德性的劝导并不完全符合亚里士多德对炫耀式演说的界定。问题在于，这篇看似洋溢着热情赞颂的葬礼演说，是否同时还暗中包含苏格拉底或者说柏拉图对雅典城邦当时的内政外交和城邦风气的批评与反思？

本稿依据伯内特（John Burnet）校勘的古希腊语文本移译，并参考库珀（J. M. Cooper）主编的《柏拉图全集》、凯利（H. Cary）主编的《柏拉图作品集》英译本，以及艾伦（R. E. Allen）、贝里（R. G. Bury）、乔伊特（B. Jowett）、格里菲特（T. Griffith）、赫尔曼（J. Herrman）、柯林斯和斯托弗（S. D. Collins & D. Stauffer）等人的英译本，以及戴子钦中译本。相关注释，除了间采上述译本注释外，还较多参考了帕帕斯和策尔瑟的《柏拉图〈默涅克塞诺斯〉中的政治和哲学》（N. Pappas & M. Zelcer, *Politics and Philosophy in Plato's* Menexenus）。

默涅克塞诺斯

——或葬礼演说［或有关道德的］

开　场

[题解] 这篇对话发生的场景十分模糊。对话一开场，苏格拉底和青年默涅克塞诺斯半路相遇，两人十分熟识。默涅克塞诺斯刚刚成年，约莫十八九岁。

默涅克塞诺斯声称刚去过议事会，然而我们并不知道他要去哪里。至于苏格拉底，我们则不知道他从哪儿来，而根据对话结尾部分，他似乎正要去往著名的交际花阿斯帕西娅那里——苏格拉底对默涅克塞诺斯声称，阿斯帕西娅是他的演说术老师。至于对话发生的时间，根据议事会往常的结束时间推算，应该正值中午前后。

苏格拉底好奇并责问默涅克塞诺斯，小小年纪去议事会做什么，默涅克塞诺斯说，那是因为他听说议事会准备举行公共葬礼仪式，需要商议物色发表葬礼演说的人选。苏格拉底听后，嘲讽以往葬礼演说人对阵亡者、全体城邦民和城邦的赞美不当。默涅克塞诺斯显然熟悉苏格拉底平时对演说家的态度，不过却认为这次选拔事出突然，获选者很可能会因准备时间有限而难以出彩。苏格拉底不认同这个想法，提出演说辞都是现成的，临时登场毫不困难，鉴于他自己在演说方面的良好师承，他就能做到即兴登台演讲。

将信将疑的默涅克塞诺斯鼓动苏格拉底一展身手，当面演示他将如何发表葬礼演说。苏格拉底顺口说，他刚从演说术老师阿斯帕西娅那里学到一篇葬礼演说，该演说跟伯里克勒斯那篇葬礼演说都出自阿斯帕西娅之手，且内容上不无相关，另外她此前已经得知选拔葬礼演说人的消息，她的这篇葬礼演说正是她向苏格拉底讲授演说技巧的授课练习。于是，对演说满怀爱欲的默涅克塞诺斯，反复恳求苏格拉底向自己透露这篇葬礼演说的具体内容，苏格拉底在佯装推辞之后答应了对方的要求。

苏格拉底　[234a] 从市场 1 还是从哪儿来，默涅克塞诺斯？2

默涅克塞诺斯　从市场，苏格拉底，从议事会来。3

1　该对话发生的具体地点不明，唯一的提示即这里的"市场"（agora）。市场既是雅典的城市中心和活动中心，也是各类消息汇集和传播的中心，城邦民可以在此集会、闲谈和议政，还可以进行商业活动。在雅典民主时代，在市场逗留是城邦民的一种生活方式，也是苏格拉底本人热衷的事情。苏格拉底大体猜到默涅克塞诺斯从何而来，表明他对后者的习常行为较为了解。

2　从对话内容来看，默涅克塞诺斯和苏格拉底是朋友，前者此时大约刚满十八岁。此外，该名字还出现在《斐多》和《吕西斯》这两篇对话中。

3　默涅克塞诺斯并未隐瞒而是更为具体地透露了他的来处，显示两人友好关系的同时，也是默涅克塞诺斯在以此主动表明心迹。议事会位于雅典市场一侧，是雅典议会日常会面的场所，执行城邦的审议、行政和司法等功能，通常在破晓时分召开，中午前结束。这里所说的议事会有可能指"500 人议事会"。公元前 6 世纪末

苏 你去议事会有什么要紧事？或者不明摆着，[a5] 你认为你完成了学业和热爱智慧,[1] 已经学得足够了，因此你想转向那些重大的事情。令人钦佩啊，小小年纪就着手统治我们这些年纪更大的人，[234b] 以便你们家族会源源不断地提供我们的主事人？

默 苏格拉底啊，如果你允许且建议[我]统治，我将欣然从命；不然，我不会。[2] 不过，

雅典政治家克莱斯忒涅斯（Cleisthenes）的民主改革，正式确立了这个雅典新民主制度的核心机构。克莱斯忒涅斯把整个阿提卡原有的4个部落重新划分为10个，每个部落选出50人，共选出500人组成议事会。由于以部落代表身份参与议事会需年满30周岁，所以默涅克塞诺斯此次以何种身份进入议事会不得而知。

1 "热爱智慧"即"哲学"一词，这里取其字面义。

2 受到苏格拉底批评后，年轻的默涅克塞诺斯显得非常恭顺，他既有政治抱负又不莽撞自负，拳拳服膺苏格拉底的教导。

这回我去［b5］议事会，是因为我听说议事会打算物色一位向阵亡者致辞的人；因为，你知道，他们打算举办一场葬礼。1

苏　当然［知道］。那么，他们选中了谁？2

默　没［选］谁，他们推迟到明天了。不过，我预感［b10］阿尔喀诺斯或狄翁将获选。3

1　默涅克塞诺斯总体上回应苏格拉底的一般批评并亮明良好态度之后，接着具体回答和解释了他之所以去议事会的原因，即他对城邦选拔公共葬礼演说人一事颇感兴趣。然而，有兴趣并不代表对葬礼演说人的优劣有辨识力，如若眼力不足，则正好说明需要进一步接受哲学方面的教育。因此，默涅克塞诺斯对葬礼演说的辨识力有待考验。

2　苏格拉底似乎也颇为关心葬礼演说人的人选。

3　此次议事会会议无果而终或许因竞争激烈导致，默涅克塞诺斯这里明确提到其中的两位候选者。据认为，阿尔喀诺斯（Archinus）是公元前403年雅典民主制重建时的著名政治人物，狄翁（Dion）则曾作为雅典使者之一于公元前392年出使波斯。

苏格拉底嘲讽葬礼演说家

苏　［234c］确实，默涅克塞诺斯啊，勇于战死沙场往往高贵。即使一个人死的时候一贫如洗，也可以得到既漂亮又宏大的葬礼；此外，即使他是个大老粗，也会得到智慧人士的赞美——［c5］不是随便赞美，而是花很多时间准备演说辞。他们赞美得天花乱坠，在［235a］论说那些人各自或有或无的品质时，一定会尽可能用语词美化，以便迷惑我们的灵魂。他们绞尽脑汁地赞美城邦，赞美在战场上死去的人，以及我们［a5］所有的老祖先，甚至赞美我们这些活着的人，使得我本人，默涅克塞诺斯啊，被他们的赞美搞得全然高贵起来。每回［235b］在听和受迷惑的时候，我都忘乎所以，觉得［自己］立马变得更高大、更高贵、更俊美。[1]

---

[1] 在雅典，苏格拉底相貌丑陋人所共知，他这里故作夸张，调侃演说人。实际上，哲人对自己的认识不因任何人的奉承而改变。

通常，总有很多客人和我在一起，他们会跟着我一起听，在他们眼里，我也立马变得更有尊严了。[b5] 在我看来，由于受演说的迷惑，他们对城邦的其他一切有了对我的那些感觉，认为她比从前更加令人钦佩了。这种庄严感伴随着我，[235c] 三日不绝。演说如此余音袅袅，演说者的声音沉浸在我耳中，以至于到了第四天或第五天，我才勉强记起我自己，感觉到我在哪个大地上，其间，我差点认为我生活在"幸福岛"。[1] 我们的 [c5] 那些演说家就是如此聪明。[2]

---

1 古希腊人虚构的四季常青的岛屿，位于最遥远的西方，四周大洋环绕，常年沐浴着饱含生机的西风。据说，为了获得幸福岛上象征着来世生活的死后幸福，每年有成千上万人来到雅典，以获准参加大厄琉西斯秘仪（the Greater Mysteries of Eleusis）。或许因为"幸福岛"与大厄琉西斯秘仪之间存在密切关系，有学者认为苏格拉底这里暗中把葬礼演说比喻成厄琉西斯秘仪。

2 苏格拉底这一大段说辞并未直接置评默涅克塞诺斯提到的两位可能人选，而是不无夸张地讽刺了以往

默 苏格拉底啊，你总是嘲笑那些演说家。[1] 然而，这一回，我想他们选中的人不会太出彩，因为这次选拔完全出于一时冲动，因此，[被选中的]演说人似乎很可能将要被迫毫无准备地演说。[2]

苏 [235d] 怎么可能，好朋友？这些演说

发表葬礼演说之人。不过，或许这也间接表明了他对此二人的态度。

1 显然，类似的言辞苏格拉底在其他地方没少讲，而且默涅克塞诺斯对此并不陌生。不过，默涅克塞诺斯这里仅仅指出了苏格拉底嘲笑演说家的事实，却没有对此表明态度，或许年轻的他尽管熟悉苏格拉底的相关立场，却尚未有多深的体会和理解。

2 默涅克塞诺斯尽管意识到苏格拉底的故作夸张，但也只是将其视为对演说家的一贯嘲讽，因而他没有过多回应苏格拉底的这部分说辞，而是重新回到议事会选拔演说人的具体话题。默涅克塞诺斯的反应，一方面表明他并未认识到葬礼演说在城邦中具有的利害关系，另一方面也显示出他对它并无多少辨识力，只是将出彩的葬礼演说理解为长时间充分准备的结果。

辞对他们来说都是现成的,再说,毫无准备地发表这类演说一点儿也不困难。若是有人真不得不在伯罗奔半岛人1中称赞雅典人,或者在雅典人中称赞伯罗奔半岛人,这就需要演说者〔d5〕能很好地实施说服且受欢迎;2 不过,无论什么时候,如果有谁在这群人中竞赛并且〔是〕赞扬他们,看起来讲得好就不会被认为有什么大不了了。3

1　苏格拉底这里使用"伯罗奔半岛人"一词实属罕见,有人认为只有修昔底德用该称呼指代这一地区的人,其他作者以及柏拉图的其他对话,均使用诸如"斯巴达人""拉刻岱蒙人"等称呼。

2　苏格拉底这样说意在再次调侃葬礼演说人。伯罗奔半岛人与雅典人因交战积累的怨恨,导致无论是在前者中称赞后者,或者在后者中称赞前者,都会显得棘手且不明智,在这种情况下,再好的演说技艺也不免在听众中引发敌意。

3　"这群人"明显指雅典人,苏格拉底暗示民主制雅典的城邦民惯于受演说家们的讨好和奉承,这是雅典的政治现实。

［附释］苏格拉底与默涅克塞诺斯相遇，听说对方刚去过议事厅，不由分说一顿调侃。然而，苏格拉底并未否定默涅克塞诺斯的政治抱负，也不反对他转向城邦"大"事，只是认为他尚未为从事"大"事做好相应准备。

根据苏格拉底的说法，完成"学业和热爱智慧"是投身政治事务的前提，而此时的默涅克塞诺斯在苏格拉底看来并不完全具备这一前提。在一篇被普遍认为并无明显哲学特征的对话中，苏格拉底开篇就明确提到哲学，似乎暗示他要在该对话中给未完成哲学学习的默涅克塞诺斯补全或继续哲学教育。尽管尚不确定苏格拉底是否有这样的意图，但他至少不动声色地向默涅克塞诺斯传递了关于"统治"的全新理解，这可以看作他哲学施教的端倪。

文中，苏格拉底把"统治者"定义为"主事人"，在柏拉图作品中，epimelētēs［主事人］这个希腊语词，"逐渐倾向于用来指专业人士的照管"。苏格拉底"试着重新描绘政治生活的形式，把它从惯常的雅典人的叫法（archein［统治］），转变成苏格拉底谈论政治领袖时特有的和不同的方式（epimeliea［关怀、照看的技艺］）"。据说，类似的重新描绘"形成了苏格拉底隐藏的政治教育的一个重要方面"。

紧接着，默涅克塞诺斯坦言自己去议事会跟城邦打算举办公共葬礼仪式相关。历史上，雅典公共葬礼仪式一般在休战季举行，战争中的阵亡者通常先在战场火化，然后其骨灰被带回城邦，随后在每年举行的葬礼仪式上统一安葬。在葬礼仪式上，会由城邦推选的知名人士发表荣耀阵亡者的葬礼演说，而陶匠区墓地是雅典最有名的公共墓地。

需要指出，无论葬礼演说，还是公共葬礼仪式，都是雅典城邦独有的做法，古希腊普遍的习俗则是将阵亡者埋葬在战场上的公共墓地。有观点认为，用城邦式葬礼和公共演说荣耀阵亡者的习俗始于梭伦，但也有人考证公共葬礼是雅典很晚才确立的一种制度，起始于公元前465年左右。

问题是,年轻的默涅克塞诺斯为什么会热衷于城邦公共葬礼事宜?一般而言,城邦议事会选中的演说人往往甚有名望,比如著名的雅典民主政治领袖伯里克勒斯就不止一次发表过葬礼演说,而有机会在城邦公共葬礼仪式上发表演说,反过来又会增强演说人的声望。或许正是代表城邦发表葬礼演说的荣誉感,以及这一荣誉对个人累积政治声望的作用,深深吸引了刚刚成年并有志投身城邦政治事务的默涅克塞诺斯。

然而,有热情是一方面,对葬礼演说是否有足够认识则是另一方面。苏格拉底对往常葬礼演说人的一通嘲讽,及时为盲目热情的默涅克塞诺斯打了"预防针"。在苏格拉底看来,尽管葬礼演说的基调是赞美,但如果获选的雅典治邦者和领袖在演说时一味赞美或鼓吹,其效果难免只会"迷惑我们的灵魂",使邦民生发一种不切实际的幻觉和优越感并陶醉其中,甚至产生一种盲目的狂热。一旦城邦发生这种情况,治邦者相对清醒的意见就会被民众轻易忽视，城邦局势就会失控，从而陷入非常危险的境地，西西里远征前雅典的狂热和躁动就是例证。

苏格拉底这里对葬礼演说人的挖苦，出发点与他在《高尔吉亚》中对演说家的严厉批评类似。在《高尔吉亚》502e-503a，苏格拉底批评演说家们不是"为了最好而讲话"，不是通过他们自己的言辞"要使邦民们尽量会变得最好"，而是"也极力争取讨邦民们高兴，乃至为了他们自己的私利而轻视公益，"至于听众们"将会变得更好或更坏……他们毫不在意"。

有志成为雅典城邦主事人的默涅克塞诺斯，必定不能毫不在意民众的德性问题。"慎终追远，民德归厚矣。"雅典城邦公共葬礼仪式是重大的"慎终追远"场合，苏格拉底将引导默涅克塞诺斯认识到，恰切的葬礼演说会对民众德性产生积极的深远影响。

默涅克塞诺斯恳求苏格拉底演示葬礼演说

默　你以为没有[什么大不了],苏格拉底?

苏　当然没有,宙斯在上。

默　[235e]难道你认为你自己就能演说,如果你不得不这样做,而且议事会选中了你?[1]

苏　我肯定[能],默涅克塞诺斯呀,能演说没什么稀奇,我的老师碰巧在演说术方面一点儿不差,[e5]她不仅培养了许多其他好的演说家,而且其中一位还优于[所有]希腊人,[他就是]克桑提珀斯之子伯里克勒斯。[2]

默　她是谁?显而易见,你说的是不是阿斯

---

[1]　默涅克塞诺斯的吃惊反应,说明他将葬礼演说视为一种苏格拉底并不具备的特殊技艺,进而间接表明苏格拉底演示葬礼演说这件事以及随后所做的葬礼演说非同寻常。

[2]　伯里克勒斯(Pericles,约前495—前429),雅典城邦的著名民主政治领袖。苏格拉底这里把他说成一位演说家,不提他更为重要的政治领袖身份。

帕西娅?[1]

苏　我说的正是［她］，还有墨特罗比俄斯的［儿子］科恩诺斯。这［236a］两位都是我的老师，他［是我的］音乐［老师］，她［是我的］演说术［老师］。因此，一个让自己受过这样训练的人，演说得巧妙没什么稀奇；即使有人受的教育比我差——音乐是兰普罗斯教的，演说术是拉姆努斯人安提丰教的[2]——［a5］即便

1　阿斯帕西娅（Aspasia，约前470—约前400），米利都人，古希腊著名交际花，伯里克勒斯的情妇，相传擅长演说术。苏格拉底将阿斯帕西娅说成伯里克勒斯的演说术老师，难说没有"恶搞"的意图。不过，从默涅克塞诺斯立马猜中阿斯帕西娅来看，苏格拉底的相关说法似乎并非毫无依据。

2　苏格拉底表明，一个人所拜老师的优劣，直接决定自身相关技艺的优劣。根据《斐德若》和《王制》（又译《理想国》），演说术和音乐都事关对人的灵魂的引导，这里苏格拉底之所以连带说出自己的音乐老师或许与此有关。另外，苏格拉底在《欧蒂德谟》272c、

这样，依然能在雅典人中赞扬雅典人时受到欢迎。1

默　那么你将有什么要说，如果你不得不演讲？

苏　靠我自己，我很可能没什么［要说的］，不过，［236b］我昨天听阿斯帕西娅完成了一篇关

295d 亦提到科恩诺斯（Connos）是其音乐老师。兰普罗斯（Lampros）是索福克勒斯的音乐和舞蹈老师，安提丰（Antiphon）是雅典著名演说家，苏格拉底暗示二人是较差劲的老师，很可能是一种玩笑。另有同名智术师安提丰。

1　苏格拉底没有明说"有人"指的是谁，也没有给出这个人面向雅典人的什么演说受到他们欢迎，只是同样说出其音乐老师和演说术老师，并暗示这两位老师较差劲。修昔底德在《伯罗奔半岛战争志》卷八 68 对安提丰赞美有加，将其列为当时最优秀的雅典演说家，一般认为修昔底德是安提丰的学生。因此，有观点认为这是柏拉图唯一一次在自己的作品中提到修昔底德，而且是在修昔底德死后以这样间接的方式。

于同样这些人的葬礼演说辞。因为她已经听说你所说的［消息］，即雅典人打算选拔一位演说人。于是，她同我讨论了应该说的内容，[1] 一部分出自即兴构思，另一部分她早就想好了，我相信，［b5］她合并了伯里克勒斯讲过的那篇葬礼演说，[2] 把那

---

[1] 就故事情节来说，苏格拉底在默涅克塞诺斯告诉他当天议事会的主要议程之前，就已于前一天从阿斯帕西娅那里得知城邦要筹备公共葬礼仪式并选拔演说人。如果苏格拉底这里的说法都是现诌的托词，则又能直接证明苏格拉底的演说才能以及前文苏格拉底"毫无准备地发表这类演说一点儿不困难"这一说法。

[2] 指伯里克勒斯在公元前431年伯罗奔半岛战争爆发时发表的著名葬礼演说，他曾先后在公元前439年和前431年两次发表葬礼演说。苏格拉底这里提到伯里克勒斯时用的是现在时，暗示伯里克勒斯尚在世，这是该对话中最早出现的年代错置。由此，该对话的戏剧时间可设定为伯里克勒斯"葬礼演说"之后且在他依然在世期间，由于伯里克勒斯死于公元前429年，因而大体可推断对话的戏剧时间为公元前430年。

篇演说的一些片段拼凑了起来。1

　　默　你记得阿斯帕西娅说的内容吗？

　　苏　要是不［记得］就不义了，毕竟，我学了它，而且［236c］差点因为忘记而受鞭打。

　　默　那么，为什么不透露一下？

　　苏　免得老师对我动怒，一旦我把她的演说公之于众。

　　默　［c5］千万别［这样］，苏格拉底啊，讲吧，你会让我非常高兴，无论你想要讲阿斯帕西娅的还是别人的，只管讲。2

1　苏格拉底这样说，直接将默涅克塞诺斯的注意力引向伯里克勒斯的著名葬礼演说。若像苏格拉底所说，两篇演说皆为阿斯帕西娅所作，那么它们将同样优于受苏格拉底嘲讽的那些葬礼演说；若默涅克塞诺斯对这里苏格拉底的说法稍有怀疑，他就会有意无意将两篇葬礼演说进行对比。另外，苏格拉底也似乎在暗示此类演说的创作模式为东拼西凑。

2　默涅克塞诺斯显得并不怎么相信苏格拉底所指的葬礼演说是由阿斯帕西娅所作。

苏　可是你很可能会笑话我，如果我在你看来似乎一大把年纪了还依然小孩子一样嬉戏。[1]

默　[c10]绝对不会，苏格拉底啊，无论如何讲吧。[2]

苏　好吧，[我]应当使你高兴。[3] 既然没什么人，[236d]即使你催促我脱光了衣服跳舞，[4]

1　苏格拉底一再装样子，找不同理由佯装拒绝，欲说还休地吊默涅克塞诺斯胃口。试比较《法义》665e对老年人不情愿唱歌的说法，以及《苏格拉底的申辩》17c："在我这个年纪，是不该像孩子一样到你们这里来胡扯。"

2　这里，默涅克塞诺斯最后一句话用了命令式，他数次恳请苏格拉底讲出那篇演说，语气一次次加重，从最初礼貌地请求直至最后发布"命令"。

3　在古希腊语中，这里的"使……高兴"一词具有很浓的"打情骂俏"的意味，隐隐具有了《吕西斯》中苏格拉底与默涅克塞诺斯谈话的爱欲色彩。

4　苏格拉底声称愿意脱光衣服跳舞，某种程度上意味着他将要口述的葬礼演说有很强的谐剧（又译"喜剧"）意味。在古希腊旧谐剧中，歌队总是在跳舞之前脱去外套，有时候还会宣布他们正在脱外套。

我也会照办[使你高兴]，因为这里只有[我们俩]。听好了。我想，当开始从那些阵亡者自身说的时候，她是这样说的——1

[附释]苏格拉底再三声称阿斯帕西娅是其演说术老师，并说这篇葬礼演说是后者所作，对于该说法，默涅克塞诺斯实际并未当真。苏格拉底为何要这么说，为什么要明确与下文将要讲述的葬礼演说撇清关系？实际上，苏格拉底这样做，除了可以暗示本篇对话与伯里克勒斯葬礼演说的关联，还可能出于以下考虑：

一方面，创作葬礼演说者往往是城邦有名望的政治人或者有政治热望之人，苏格拉底的情况明显不符，而将阿斯帕西娅而非其本人说成葬礼演说的作者，更符合他自身一贯的身份设定；另一方面，葬礼演说是一种公共教育，施行这种教

---

1 以下直至249c为苏格拉底讲述的阿斯帕西娅的葬礼演说。

育并非哲人苏格拉底的职责，而更多是治邦者和诗人的责任，苏格拉底的职责则是私下教育潜在的治邦者。因而，苏格拉底事先与下文即将呈现的葬礼演说撇清关系，既可以借助这篇演说向默涅克塞诺斯展示治邦者应该如何对民众言说和施教，同时还可起到私下教育后者的作用，而这也难免不是原本公共性质的葬礼演说在对话中被置于完全私人场合的原因。

苏格拉底与默涅克塞诺斯的开场对话，从最初以"学业和热爱智慧"点题，到嘲讽葬礼演说人，到佯称自己的师承，再到充分调动默涅克塞诺斯的爱欲，苏格拉底的施教循循善诱，极大地激发了默涅克塞诺斯的求知欲，也与阿斯帕西娅的"鞭打"式教学方法形成对照。

同时，二人的对话还洋溢着一种戏仿的爱欲气氛：默涅克塞诺斯追问苏格拉底如何演说，苏格拉底佯装"羞怯"躲闪，默涅克塞诺斯越发急切，苏格拉底"插科打诨"并最终满足默涅克塞诺斯（对演说辞）的追求。

另外值得注意，苏格拉底接下来的葬礼演说如何针对不同的听众。首先，由于葬礼演说是一种公开讲辞，本身起着教育公众的作用，所以苏格拉底后文会在葬礼演说中明确说他是在教城邦青年人高贵德性（《默涅克塞诺斯》236e5、246b-c），而且这篇对话的副标题也正是"有关德性的"。

其次，他在葬礼演说的前面部分对政制问题的论述，表面上赞美雅典政制，实则另有深意且不乏反思，由于对话戏剧场景设定这篇葬礼演说只是私下讲给贵族青年默涅克塞诺斯一人听（《默涅克塞诺斯》236d），所以这种并不适合公开宣扬的深意和反思，实际暗中向默涅克塞诺斯保持敞开。

苏格拉底的葬礼演说

[题解] 这部分是一篇独立完整的公共葬礼演说。尽管默涅克塞诺斯并未深信该演说出自阿斯帕西娅，但是苏格拉底这一说法以及这篇演说的有关内容，都或明或暗地指向修昔底德《伯罗奔半岛战争志》中那篇著名的伯里克勒斯葬礼演说。

形式上，这篇葬礼演说遵循了既有葬礼演说的文体程式，大致可分为开场白（236d-237b2）、赞美（237b3-246b1）、抚慰（246b2-249c）和结语（249c）四个部分。独特之处在于，这篇葬礼演说的"抚慰"部分，是一篇以阵亡者名义发表的演说，从而使得全篇演说形成演说套演说的结构特征。

内容上，"赞美"部分作为这篇葬礼演说的

主体，苏格拉底重点赞美了希波战争、伯罗奔半岛战争和科林多战争这三大战争中若干重要战斗的牺牲者。其中，科林多战争发生在苏格拉底逝世以后，因此由他讲述科林多战争中的相关事件具有明显的年代错置色彩。整个这部分苏格拉底概述了雅典长达百十年的战争历史，相关讲法修辞色彩浓厚。

在"赞美"部分讲述自希波战争以降的雅典百年战争史之前，苏格拉底首先赞美了雅典的土地和政制。如果说雅典百年战争史部分主要是针对城邦民的公共教育，尤其是针对城邦普通青年的德性教育，那么对雅典土地和政制的赞美，从对话的戏剧情节来看，则暗含了对默涅克塞诺斯哲学教育的内容。之所以这么说，是因为在赞美雅典土地和政制的段落中，苏格拉底暗中表达了他对德性和政制问题的思考，是这篇一般认为"未涉哲学主题"的对话中哲学色彩最浓的段落。作为城邦未来治邦者的尚未完成"学业和热爱智慧"的默涅克塞诺斯，苏格拉底的这些思考理应是其今后走向城邦政治舞台所需的必要准备。

同时,苏格拉底在葬礼演说中公开赞美雅典的土地,赞美附着于土地之上的雅典人的祖传德性,虽然某种程度上是因为土地与葬礼直接相关,但更为重要的原因或许是,这与当时雅典民主城邦"以海立邦"的国策以及雅典人德性的衰变有关。"以海立邦"国策的确立,与当时雅典的民主化进程相互依傍,苏格拉底随后在对雅典百年战争史的讲述中,不动声色地揭露了这一国策下出现的水兵德性与先前重装步兵德性的差异,同时又表面上全程对雅典人德性的衰败保持了沉默。

开场白

就行动方面来说,这些人〔已经〕从我们这里得到了与他们自身相称的东西,〔d5〕得到它们后,他们走上了命中注定的旅程,既由城邦共同〔为他们〕送葬,又由亲友亲自〔为他们送葬〕;至于言辞方面,法律命令〔我们〕〔236e〕

回报这些勇士［我们］尚未送出的荣誉，而且［我们］应当［这样做］。既然有了做得很好的行动，借助于讲得好的言辞，听众就会纪念和尊敬那些做［这些行动］的人。1

因此，任何一篇这样的演说，都应该能够充分地赞扬阵亡者，［e5］友好地规劝生者——鼓励儿子们和兄弟们模仿这些人的德性，安慰父亲们、母亲们以及仍然在世的［其他］长辈们。2

1　"听其言观其行"，古希腊人同样重视"行动"与"言辞"的对举。在柏拉图对话中，苏格拉底对举二者，往往有对照"事功"与"哲学"的意思。不过，在这段话中，关于"行动"的内涵，苏格拉底悄悄做了改动：由一开始所指的城邦行动，即举办公共葬礼仪式以荣耀为城邦捐躯的阵亡者，转为强调阵亡者自身在战场上的好行动。这样一来，对阵亡者的赞美就具有了名副其实的道德教育意义。

2　这是苏格拉底对葬礼演说应有目的的归纳概括。在苏格拉底看来，"讲得好"的葬礼演说，既要围绕阵亡者，又要面向生者。甚至可以说，城邦之所以

[237a] 然而，这样一种演说该如何向我们呈现？或者，要赞扬这些高贵的勇士——他们生前以其德性令他们自己的［亲友］喜悦，又用死亡换得了生者的保全——我们应该从哪里开始才正确？在我看来，应该［a5］根据自然赞扬他们，就像他们［根据自然］变得高贵一样。他们［之所以］变得高贵，是因为［他们］出自高贵［之人］。因此，首先，［让］我们赞美他们的高贵出身；1 其次，［赞美他们的］滋养品［237b］和教育；在此之后，我们将指出他们的行动情况，

要在公共葬礼仪式上遴选有名望之人发表葬礼演说赞美阵亡者，其主要目的就在于规劝生者。同时还可以看到，被规劝的生者分为两类：一类是阵亡者的儿子和兄弟，对于他们，城邦的规劝重在"鼓励"——鼓励他们模仿阵亡者的优良德性；另一类是阵亡者的父母和长辈，城邦对于他们的规劝重在提供"安慰"。

1　首先赞美高贵出身，意味着苏格拉底要为阵亡者的德性和高贵追本溯源，并将其置于优先地位。

因而展示这些勇士们的美和价值。1

赞美阵亡者出身高贵

首先，对这些勇士们来说，他们祖先们的起源肇始了这种高贵出身——这些祖先不是异乡人，说明这些人也不是 [b5] 从其他地方来这里定居的人们的子孙，而是本地人，居住和生活在 [自己的] 祖地；他们也不像其他人那样由继母抚养，而是由 [237c] 母亲——他们所居住的祖地——[抚养]；如今，他们死了，安息在自己的家乡——那个生 [他们]、养 [他们]、[最后又] 接纳 [他们] 的地方。2 [因此,] 最

1　勇士们具有的美和价值需要靠他们的行动来体现，苏格拉底尤其重视阵亡者们做出的"行动"。另外，苏格拉底这里提出的这一赞美次序，一般认为也是葬礼演说文体的程式要求。

2　阵亡者的高贵出身，肇始于雅典人祖先的起源，更确切说肇始于雅典人祖先起源的"本土性"特征。苏格拉底对这一点的强调，把雅典人的高贵与他们

公正的就是，首先向［他们的］母亲本身致敬，因为这样同时也是在向他们的高贵出身致敬。1

［c5］我们的地方值得所有人赞美——不仅［值得］我们［赞美］，而且［值得］在其他许多地方［的人赞美］——首先且最重要的原因是，她恰巧为神所喜爱。对于我的这个说法，因她而起争执的神们的［237d］争吵和决定可以为证。2 既然

世代繁衍生息的土地联系在一起，不仅为阵亡者的高贵出身奠定了自然根基，同时也可作为倡导捍卫领土的强有力的理由。

1　随后，苏格拉底会紧接着化用雅典城创建者为地神之子的神话，将雅典人的祖先直接说成是雅典土地所生。如此一来，演说要赞美阵亡者的高贵出身，就势必要从赞美生出雅典人祖先的雅典土地或者说大地母亲开始。

2　据传说，海神波塞冬和智慧女神雅典娜曾为获得雅典展开竞争，宙斯令奥林波斯诸神做评判，谁送的礼物最有价值，谁就成为该地守护神，并以其名命名该城。

诸神都赞美她,受全体人的赞美又怎么会不义呢?

公平地说,赞美她的第二个理由是因为,在那样一个时期,当整个大地生长和产生各种动物——既有野兽又有家畜——的时候,[d5]在这里,我们的[地方]却既不生长又未出现什么凶残的野兽;在所有动物之中,她选择并生产了人——人在智慧上胜过其他[动物],而且唯有人信奉正义和诸神。[1]

最后,雅典娜因赠与雅典人橄榄树胜过波塞冬所赠苦涩泉水而赢得雅典,雅典城也因此得名。苏格拉底在这里审慎地略去了波塞冬和雅典娜的名字,或许与葬礼崇拜的神是冥间诸神而非作为城邦神的奥林波斯诸神有关。

[1] 雅典人的祖先生自他们的土地,是古希腊土生人传说中的一个著名版本。在《王制》卷三中,苏格拉底讲述高贵谎言时同样提到类似说法。苏格拉底这里虽然指出人与动物的不同——人有智慧且"信奉正义和诸神",但他却没有随即展开对人类这一属性的论证。比较亚里士多德《政治学》1253a6:"人一出生便装备有武器,这就是明智(phronesis)和德性。"

赞美阵亡者的滋养品和教育

[237e] 有充分的证据［证明］这样的说法：这片土地生育了这些［阵亡的］人和我们的祖先。因为一切生育者都拥有合适的滋养品给予其所生育之物，由此，可以明确看出一个女人是否是真正的生育者，如果是收养，她就不会有 [e5] 这个孩子所需的滋养乳源。而我们自己的土地和母亲，却提供了充分的证据［证明］她生育了人，因为当时只有她最先生产了人类的滋养品——[238a] 小麦和大麦——人类由此得到了最美和最好的抚养，由于这一点，所以［人类］这种动物是她生育的。[1] ［其实，］从土地的角度

---

1 苏格拉底这里的逻辑是，就像只有生育了的女人才会分泌乳汁，由于雅典的大地最先生产了人类的滋养品小麦和大麦——它们代表大地母亲提供的"乳源"，从而也就能够反推雅典的大地生出了最早的人类，即雅典人的祖先。然而，苏格拉底并未解释他为何说雅

比从女人的角度更容易接受这样的证明：不是土地[a5]模仿女人怀孕和生育，而是女人[模仿]土地。[1] 她并不吝惜她的果实，而是分给其他人。

典的土地最先生产了大麦和小麦，而是将之作为默认的前提。实际上，雅典所在的阿提卡地区多山，土地非常贫瘠，并不盛产小麦和大麦等粮食作物，往往需要从北方的黑海地区大量进口。

[1] 这句话语义较含混，前面先是以女人为例，说明雅典土地的大地母亲身份，这里却又声称女人的孕育是在模仿雅典土地。实际上，苏格拉底此处的论证并不成功，他很可能意识到自己以女人为例论证雅典大地生了人并不妥当，因为这会容易让人误解大地是在模仿女人，所以这里接着又含糊其辞地补充说女人的怀孕和生育是在模仿大地。毕竟，根据苏格拉底的逻辑，如果女人也是大地母亲所生，那么女人身上出现的与生育相关的生理特征理应都是在模仿大地，而非相反。不过，需要指出的是，苏格拉底这里的逻辑和论证漏洞实际无伤大雅，因为他其实只是在讲故事。另外，前文提到雅典土地所生之人是"信奉正义和诸神"的人，那么模仿雅典土地的女人就同样应该生养此一类人。

在此之后，她为她的后代出产了橄榄油——一种对辛劳的安慰；[238b] 在抚养 [后代] 并使之长大成人后，她又提供了诸神做他们的统治者和教师；在这里适合略去诸神的名字——因为 [这些名字] 众所周知——他们不仅通过教授 [我们] 最主要的技艺，给我们的生命配备了正好文明的生活方式，[b5] 而且通过教 [我们] 获取和使用武器，[训练我们] 保卫 [我们的] 地方。1

1　这里诸神教授的对象，由语境中的雅典人的祖先，替换成了"我们"。我们看到，大地母亲虽然提供了能够滋养人的小麦和大麦以及橄榄油以满足人类生活之必需，但要想获得"文明的生活方式"，却还需要作为统治者和教师的诸神。苏格拉底这里提到诸神的几点作用：传授人类技艺，为人类配备"正好文明的生活方式"，以及教授人们"获取和使用武器"以保卫土地。最后一点或许说明，好的生活离不开自我捍卫及其手段，这也正好呼应苏格拉底后文对战争史的讲述。

[附释] 苏格拉底对阵亡者的"高贵出身"以及"滋养品和教育"两方面的赞美,紧紧围绕雅典地生人神话展开。通过重新讲述雅典地生人神话,苏格拉底将雅典人祖先的高贵和德性,牢牢地与雅典的土地联系在一起。雅典的土地不仅生出了雅典人的祖先,而且还生发出雅典人及其祖先的高贵和德性,从而是城邦德性的不竭源泉。

通过这个神话,苏格拉底暗示默涅克塞诺斯,好的生活并非只是拥有充足的物质滋养品,还需要为邦民们提供精神性的滋养品,如此方能培育邦民的高贵和德性。

赞美雅典的高贵政制

像这样出生和受教育,这些[阵亡的]人们的祖先,生活在[他们]建立的政制中,对于这种政制,有必要简要地[238c]予以回顾。[1] 因

---

[1] 在古希腊语中,politeia[政制]一词内涵丰富:"politeia 这个语词的原初含义指的就是城邦人的个体

为政制是人的滋养品,高贵的［政制养育］好的［人］,而相反的［政制养育］坏的［人］。1 必须指出,我们的先人正好就是在高贵的政制中受的抚养。由于这一点,那些人和当今的人们都是好的,而这些［好］人中碰巧［c5］有这些阵亡者。

德性或灵魂品质……politeia 固然意指城邦秩序本身或者城邦民赖以生活的共同体基础,但也指对个体具有内在强制性的引导和规范力量。"依据普鲁塔克为 politeia 下的定义,该词的内涵可分为三个层次,即"城邦民所分享的城邦中的权利""一个操办共同事务的治邦者的生活［方式］"和"关涉城邦治理的秩序安排和法律制度"。

1 鉴于 politeia［政制］的含义涉及城邦制度安排与治邦者和民众"个体德性或灵魂品质"的有机统一,苏格拉底这里才会说"政制是人的滋养品",才会得出不同的政制养育不同德性之人的结论。苏格拉底让默涅克塞诺斯看到祖先的高贵还与其政制相关,从而将德性直接与政制联系起来,明确表明除了"小麦和大麦""橄榄油"以及"诸神",人的滋养品还有"政制"。

这个相同的政制，当时就像现在一样，是一种贵族政制。当前，我们作为城邦民生活在这个政制中，就像从那时以来通常的情况那样。1 尽管有人叫它［238d］民主政制，有人［叫它］他高兴［叫的］其他［名字］，但是，事实上，它是一种得到民众好评的贵族政制。因为我们一直有王，他们有段时期出自某个家族，有段时期则

1　苏格拉底的这个说法只是其葬礼演说中的一种说辞，雅典的政制实际多次发生改变，比如亚里士多德在《雅典政制》中就认为，雅典政体在历史上共发生过十一次变革。那么，苏格拉底这里之所以这么说，而且把它唯独说成"贵族政制"，或许可与亚里士多德的看法相参证："贵族政体在各种名位的分配方面最能体现德性原则，贵族政体的准则即是德性，而寡头政体的准则是财富，平民（民主）政体的准则是自由。"（《政治学》1294a10-12）由此看来，苏格拉底要教导默涅克塞诺斯重视城邦德性，要通过葬礼演说教导城邦青年德性，或许以德性为准则的贵族政制才是最为理想的政制类型。

是选出来的。1 虽然民众掌管了城邦的大部分[权力]，但是他们将统治权[d5]和权威交给那些看起来总是最贤良的[人]，没有人由于疾病、贫穷或者父亲的无名而受排斥，[也没有人]由于相反的情况而受尊崇，犹如在其他城邦那样，而是[有]一条标准——那个看起来智慧或者好的人做主宰和统治。2

1　雅典的王权自从公元前8世纪晚期开始便受到严格限制，公元前682年左右，世袭王权在雅典终结，不过"王"的头衔得以沿用，变成了任期仅有一年的官职，负责主持城邦宗教事务。

2　苏格拉底对雅典民主城邦政治运作机制的解释，两次用了"看起来"一词，看起来如此并不意味着实际如此。但对于雅典普通民众来说，能看到和认识到的往往也只是表面。单纯从形式上说，有"王"，有掌握统治权和权威的"最贤良的[人]"，而且有民众广泛参与，混合了这三种成分的政制的确是一种贵族政制。但是，在这些教导高贵的表面说辞背后，很难说没有隐藏苏格拉底对于真实的雅典政制的反思。

[238e] 我们[选择]这种政制的原因，[是]由于平等的出身。因为其他城邦由形形色色的不平等之人组成，结果他们的政制——僭主制和寡头制——也不平等；因此，他们在生活

一方面，"看起来"智慧或好的人，实质却未必如此，而且完全可能频繁出现这样一种情况，即民众未能看穿或者没能力看穿伪装的智慧和善，从而把统治权和权威交给名不副实之人。一旦出现这种情况，我们便很难指望缺乏德性的统治者能够胜任对德性的恰切教导。因而，雅典遵从的不同于其他城邦的衡量统治者的标准，其真正的不同之处，或许在于其他城邦是真正智慧或者好的人做主宰和统治，而在雅典则只是看起来如此的人做主宰和统治。

另一方面，在统治者中不排斥"疾病、贫穷或者父亲的无名"之人，也并非是一种好的选择。这三种情况不见得对统治资格没有较大影响：如果说好的政体必然意味着统治者"以公民共同的利益为施政目标"（参见亚里士多德《政治学》1279a29），那么一个连自己身体利益都照顾不好的患病之人，则难以有余力照顾城邦的共同利益；同时，财富和出身也素来是统治资格的正当

中，一些人视对方为奴隶，[e5] 另一些人视对方为主人。而我们和我们的 [城邦民]，[239a] 全都像一母同胞的兄弟那样成长，认为不应该成为对方的奴隶或主人，我们出身的平等——我们自然的 [平等]——迫使 [我们] 寻求法律上的权利平等，1 而且看起来屈服于对方也没有其他原因，除了 [因为对方] 看起来的德性和明智。2

标准。苏格拉底在葬礼演说开篇那么强调出身（《默涅克塞诺斯》237a-b），这里又宣称可以忽略出身，这种明显的矛盾很难被看作苏格拉底的无心之失。

1　不难看出，雅典人所追求的法律平等，是一种人为的后天平等，这种政治诉求基于先天的出身平等。比较亚里士多德《政治学》1301a29-31："例如民主制就建立在这种平等观念之上，即在某一方面平等的人要求在所有方面的无条件平等——一切公民都是同等的自由人，他们就认为在无条件的意义上也是人人平等。"

2　苏格拉底这段话的逻辑如下：雅典人"平等的出身"是一种"自然的平等"，它决定了邦民之间的关系像"一母同胞的兄弟"。这种关系投射到政治上，

［附释］苏格拉底这个赞美雅典"高贵政制"的部分，主要涉及三方面内容：

首先，苏格拉底提出"政制是人的滋养品"，认为政制品质直接关系城邦民的个人品质。苏格拉底前文曾提到作为人类滋养品的小麦和大麦，对比来看，如果说小麦和大麦主要滋养的是人的身体，那么政制则涉及对人的灵魂的滋养。苏格拉底主张，雅典人祖先高贵的个人品质，正是来自在当时"高贵的政制中受的抚养"，由此水到渠成地引入了政制问题。

其次，苏格拉底主张雅典政制自其创建以来始终是贵族政制——这一说法与普通雅典人引以为荣的民主政制并不相符，而实际统治权和权威则属于看起来最贤良的人。在此基础上，苏格拉

就会在法律上寻求"权利平等"，于是，雅典城邦的候选统治者就不会出现"由于疾病、贫穷或者父亲的无名而受排斥"的情况（反之亦然），而是只要对方看起来有德性和审慎，雅典人就服从于他。

底高调宣称雅典人独特的统治资格标准,即"那个看起来智慧或者好的人做主宰和统治"。苏格拉底不无反讽地指出,在雅典不像在其他城邦那样,"没有人由于疾病、贫穷或者父亲的无名而受排斥,[也没有人]由于相反的情况而受尊崇"。对此,可比较亚里士多德《政治学》1283a31-38:"富人要求拥有更大的权利,是因为他们拥有更多的土地,而土地是一切城邦共有的要素;而且,富人们在多数时候更加信守契约。自由人和出身高贵的人的要求彼此相近,因为出身较高贵的人比出身低微的人更有资格做公民,高贵的出身在每个地方都会受到尊敬。另一个理由是,出自较优秀的先辈的人有可能较他人更为优秀,因为高贵的出身即是门第方面的德性。"

苏格拉底的上述反讽,兼顾了言辞层面对当时雅典政制的赞美,以及意图层面对这一政制自身问题的反思。言辞上,葬礼演说本身要求苏格拉底不得不遵守赞美的基调,而为了在赞美的同时传达某种教诲,苏格拉底就着重说雅典政制的相关政治标准有利于更高层次地突显德性并落实德性的统治。而意图上,苏格拉底则让我们看到,雅典政制的这一政治标准实际大大降低了从政的德性门槛,拉低了政制的德性品质。换言之,在苏格拉底看来,其他城邦执行一种较高的德性标准,雅典却执行一种较低的德性标准。也正因如此,雅典人的统治者从祖先时期的"诸神",变成了当下"那个看起来智慧或者好的人"。

最后,苏格拉底将雅典政制的原因归为平等的出身。苏格拉底这里的说法,既顺应雅典民主城邦的逻辑(出身平等就要一切权利平等),又指出城邦民之间在德性和明智方面存在的"自然的不平等"。这种"自然的不平等"体现为一种先天的高低之分,苏格拉底径直把德性低的人应屈服于德性高的人,说成"权利平等"这一诉求中的一种(比较亚里士多德《政治学》1301b26-1302a8)。

与此同时,苏格拉底还对比了其他城邦的政制。苏格拉底说,由于那些城邦"由形形色色的不平等之人组成",结果他们的政制也不平等。城邦由"形形色色之人"组成标志着城邦的多样性，而多样性正是城邦的本性（亚里士多德《政治学》1261a17及以下）。

如果说城邦天然的多样性本身原本就预示其蕴含着"自然的不平等"，那么雅典的平等政制是通过什么途径赋予这种"自然不平等"以平等？答案是，法律。因而，苏格拉底会说"我们出身的平等……迫使［我们］寻求法律上的权利平等"。换言之，雅典政制是用法律迫使"自然不平等"变得"平等"的政制，人为的法律成了抹平一切"自然不平等"的大杀器，也难怪苏格拉底会提到法律与本性的不同。

苏格拉底说那些不平等的政制是"僭主制和寡头制"。不难发现，他隐藏了君主制，而在他整篇葬礼演说中作为敌对势力存在的波斯，其所施行的政制恰恰就是君主制。苏格拉底看似浅尝辄止地对比雅典的"平等政制"与其他城邦的"不平等政制"，其前提是对波斯这个非城邦政制的沉默。换言之，苏格拉底这里的简单对比背后，其实隐藏了更为重要的雅典政制与波斯政制的对比。这样说并非没有文本依据，我们可以在葬礼演说中明确看到，苏格拉底讲述雅典百年战争史的背景是波斯的崛起。毋庸置疑，正是波斯实行的君主制，促使波斯在短短两三代君主的时间内从他国附庸一举成为横跨亚非的东方大帝国，否则无法解释为何比波斯人古老得多的希腊人直到当时依然城邦林立、一盘散沙，而波斯却在整合亚非之后又向欧罗巴（希腊地区）强势扩张。

如果说苏格拉底在这里由于场合原因只能向我们暗示，更重要的是对比雅典和波斯的政制，那么，《法义》中雅典异乡人对这两种政制之优劣及其衰败原因的对比则相对悠游充分得多（《法义》693d 及以下）。雅典异乡人将君主制和民主制视为其他政制所由出的两种政制母体，并把波斯和雅典视为这两种政制的典型。对于波斯政制，雅典异乡人认为，由于居鲁士和大流士忽视了对儿子的教育，致使他们养成坏德性，"成了恣意妄为的人"，此后，"波斯人中出现的君王几乎没有一个是真正'伟大的'，除了在名义上"。雅典异方人由此得出结论："他们年复一年地变坏，我们认为原因就在于：由于过度剥夺了民众的自由，引入的专制不适度，他们破坏了城邦中的友谊和共同体。……目前，波斯的事务管理不当，概因奴役过度和专制过度。"

与之相反，雅典异乡人在随后探讨阿提卡政制时，认为雅典人走入了另一个极端："在某种程度上，我们的民人同波斯人的遭遇相同——波斯人将他们的民人引向彻底的奴役，相反，我们将大多数人引向彻底的自由。"雅典异乡人对此认为："在相当程度上，完全脱离一切统治劣于适度受他人统治。"最后，通过两种政制的对比，雅典异乡人得出结论说："无论专制的还是自由的，一旦得到适度的限制，事务就能相当顺利地展开；不过，无论哪一个推向极端——一个推向奴隶制，另一个则相反——任何一个都无益。"

联系雅典异乡人对两种政制的对比和批评，

使得苏格拉底这里对雅典政制的赞美显得愈发言不由衷——他在葬礼演说中颂扬的雅典政制，实际上既不是有德性之人的统治，也不能导向有德性之人的统治。然而，苏格拉底的言不由衷有其不得不如此的理由。雅典异乡人之所以能够毫无顾忌地批评上述两种政制，是因为他当时正私下同两位老人探讨城邦立法问题，而苏格拉底这里在涉及德性和政制问题时，却需要兼顾双重的语境。一方面，葬礼演说模拟公共语境，使得苏格拉底必须迎合民众和城邦心理，把雅典政制赞美成最佳政制，同时也在赞美的言辞中对雅典民主政制进行一番改造；另一方面，对话发生的具体私人语境，又允许苏格拉底不动声色地向默涅克塞诺斯揭示雅典民主政制存在的问题。苏格拉底的葬礼演说由赞美雅典百年战争史中雅典人的德性，上升到与德性状况利害攸关的政制问题，从而使得对德性问题的探讨进一步指向最佳政制问题。

赞美阵亡者祖先的高贵行为

[a5] 因此，由于在完全自由的［环境中］得到抚养和高贵地成长，[1] 这些人的祖先、我们的［祖先］以及这些人自身，向所有人展示了众多高贵的行为——[239b] 既有私下［展示］，也有靠公费开支［展示］。［他们］相信，为了自由，必须为希腊人而抗击希腊人，以及为全体希腊人而抗击野蛮人。然而，他们如何在欧摩尔珀斯[2]和阿玛宗人[3]以及更早的一些人入侵我们的

1　苏格拉底将雅典人祖先的高贵行为，与他们成长中享有的自由联系起来，从而引出继"平等"之后雅典人珍视的另一价值观念——"自由"。

2　欧摩尔珀斯（Eumolpos），海神波塞冬之子，忒腊克诗人和首领，传说他曾协助厄琉西斯人在雅典王忒修斯时期入侵阿提卡。

3　阿玛宗人（Amazons），希腊神话中完全由好战的女战士构成的一个民族，曾入侵雅典，被雅典王忒修斯击退。

地方时［b5］保卫自己，如何保卫阿尔戈斯人抵抗卡德摩斯的后裔，1 ［保卫］赫拉克勒斯的子孙抵抗阿尔戈斯人，2 时间有限，都来不及细讲，而且诗人们通过用诗歌动听地吟唱，已经使他们的德行广为人知。3

---

1 传说卡德摩斯（Cadmus）是忒拜的创建者。俄狄浦斯之子波吕尼刻斯（Polynices）为了与兄弟厄特俄克勒斯（Eteocles）争夺忒拜王位，携阿尔戈斯援军攻打忒拜，也就是著名的七雄攻忒拜的故事。失败后，忒拜人或卡德摩斯的后裔禁止埋葬敌方阵亡者尸体，这些人的母亲们求助于雅典王忒修斯，随后雅典与忒拜之间爆发战争。

2 传说赫拉克勒斯的子孙曾从阿尔戈斯的迈锡尼城被流放，雅典人后来帮助他们抗击阿尔戈斯人，使他们重返故乡。

3 在这段话中，苏格拉底将雅典人及其祖先的信念与雅典人祖先的高贵行为并置，无疑是在暗示若要更好地理解二者，就需要把它们结合起来。我们看到，这里主要列举了四个例子：前两个例子是抗击蛮人的入侵，后两个则是"为希腊人抗击希腊人"的例子。这四个例子的共同之处在于，无论是领土保卫战，还是稳定因此，如果我们［239c］试图光凭言辞向这些行为致敬，很可能相形见绌。由于这些原因，我认为不妨略去这些，因为它们已经得到应有的荣誉；可是，对于迄今尚未有诗人用合适的荣誉表现其价值、［以至于］依旧被遗忘的那些行为，我以为［c5］应当记住它们——通过赞美［它们］，以及通过恳请别人将它们谱成与做这些［行为］的人相称的颂歌和其他［体裁］的诗。我首先要说的是这些：

［附释］苏格拉底在前文对雅典人的祖先做了一般性赞美，这部分则转入对他们具体的高贵行为的赞美。然而，这部分的赞美只是简短的过渡，苏格拉底一笔带过地提到传说中阿提卡两次受侵犯和雅典人两次救助其他希腊人的事例，便

希腊世界内部政治秩序的战争，都是正义战争，都是在捍卫遭受不义侵害的政治共同体的自由——苏格拉底将此说成雅典人及其祖先的信念。

以时间有限和广为人知为由作罢。通过提及这些已成为古希腊诗歌经典主题的雅典早期军事事迹，苏格拉底随即引入对尚未有诗人歌颂因而被遗忘的雅典人高贵事迹的赞美。于是，他选择从影响整个古希腊世界命运的希波战争开始。

波斯帝国崛起与两次希波战争

[239d] 当波斯人统治着亚细亚[1]并试图奴役欧罗巴的时候，这个地方的子孙——我们的祖先——阻止了他们，[2] 因而首先想起这些祖先并赞美他们的德性，既正义又应当。如果有人打算赞美得恰到好处，他就需要熟知 [d5] 那个时

1　古希腊人把今小亚细亚一带称为亚细亚。

2　苏格拉底从雅典和希腊世界最危急的时期——波斯入侵希腊之时——开始讲述雅典战争史，下文描述了雅典城邦在绵延百年的战争中历尽沉浮并最终沦落的命运。苏格拉底首先从古希腊世界的公敌波斯讲起，重点突出了波斯帝国崛起这一地缘政治事件。

代——当时整个亚细亚都在给第三位［波斯］王做奴隶。第一位［王］居鲁士[1]在解放了他自己的同胞波斯人之后,凭靠同样的意志,[239e]不仅使他们的主人米底人沦落为奴,同时还统治了亚细亚直到埃及为止的其他地方。他的儿子[2]尽可能地攻占埃及和利比亚[3]［的土地］。第三位［王］大流士[4]不仅在陆地上将帝国边界一直划到

---

[1] 居鲁士（Cyrus）,公元前 550 年至前 530 年在位,史称"居鲁士大帝"。居鲁士在整合波斯各部落之后,又先后征服米底、吕底亚和巴比伦三大帝国,从而缔造了强大的波斯帝国。

[2] 指冈比西斯（Cambyses）,公元前 530 年至前 522 年在位。冈比西斯性情残暴,残害王室成员导致波斯王室血脉断绝。这里被介绍的三位波斯国王中,苏格拉底唯一没有提到他的名字。

[3] 古希腊人所说的利比亚指今非洲北部一带。

[4] 大流士（Darius）,又称"大流士大帝",公元前 522 年至前 485 年在位。大流士拥有杰出的政治、军事才能,巩固了波斯帝国的疆域,其晚年发动第一次希波战争,并在著名的马拉松之战中失利。

斯基泰，1 而且用舰船［240a］主宰了大海和众多岛屿，以至于没有人敢与他为敌——所有人的思想都被奴役了。2 波斯帝国就是这样奴役了众多强大、尚武的民族。

接着，［a5］大流士指责我们和厄瑞特里亚人，3

1　斯基泰位于今黑海北岸。

2　苏格拉底这里对波斯崛起的表述有一个非常有趣的现象：他提到了波斯第一位和第三位国王的名字，却没有提第二位国王之名；他指出第二位国王是第一位国王的儿子，却没有明确第三位国王与第二位国王的关系。类似地，苏格拉底下文详细讲述了第一次希波战争以及大流士如何发动这场战争，同时也讲述了第二次希波战争中的战斗，却未提发动此次战争的大流士之子薛西斯（Xerxes，一译"克谢尔克瑟斯"）。根据希罗多德《原史》（History，一译《历史》），波斯第二位国王冈比西斯施政暴虐未得善终；第三位国王大流士十分英明，却并非冈比西斯之子，而是出身于波斯贵族；第四位国王薛西斯虽是大流士之子，却又是暴虐成性。

3　厄瑞特里亚是优卑亚岛上的一个城邦，优卑亚岛则是阿提卡北侧的一个大岛。雅典和厄瑞特里亚曾于诡称［我们］对萨尔狄斯[1]耍阴谋，［于是，］用运输船和战船派来五十万［大军］，［并派来］三百艘战船，命令统帅达提斯，[2] 如果他想 [240b] 保住自己的脑袋，就将厄瑞特里亚人和雅典人掳回来。达提斯航行到了厄瑞特里亚，进攻那里的人们——当时，希腊人中的这些［厄瑞特里亚］人，在战事方面赫赫有名，而且［人数］不在少数——三天后就把他们俘虏了，他搜查了他们的整个地方，[b5] 为防止有人逃脱，用了这样的方式：到达厄瑞特里亚的边境后，士兵们在那里，从大海［的一边］散开到大海［的另一边］，挽起手穿越

公元前 499 年援助小亚细亚沿海的伊奥尼亚城邦发动叛乱，反抗波斯帝国的统治。

　　1　萨尔狄斯曾是小亚细亚吕底亚王国的首都，当时属于波斯。

　　2　达提斯（Datis），波斯帝国将领，公元前 490 年率军攻打雅典，兵败于马拉松之战。马拉松位于阿提卡东海岸，距离雅典不远。

了这整个［240c］地方，[1] 以便他们可以向［他们的］王报告说，他［要］的人没有一个逃脱。

怀着同样的企图，他们从厄瑞特里亚航行到马拉松，以为可以同样轻易地将雅典人引向强加给厄瑞特里亚人的那种命运。［c5］当他们在做前一件事并企图做后一件事的时候，没有一个希腊人援助过厄瑞特里亚人或雅典人，除了拉刻岱蒙人[2]——这些人［战斗结束后的］第二天才到达战场——其他所有人都惊慌失措，喜欢［240d］眼前的安全，按兵不动。

因而，任何在这个时期出生的人，都会认识到他们有什么样的德性，他们在马拉松[3]对野蛮

1　苏格拉底的这个说法，亦见于《法义》（698c-699c）。

2　即斯巴达人。斯巴达军队出征前因献祭延误，未能及时赶到并参与在马拉松的战事，但他们要拼死抵抗的消息，不仅极大提振了雅典人的士气，还迫使波斯人改变了原有的兵力部署，从而间接影响了此次战事的走向。

3　马拉松（Marathon）之战，发生于公元前490年第一次希波战争时期。

人的大军严阵以待，惩罚了全亚细亚的傲慢，最先竖起了［d5］战胜野蛮人的纪念柱，成为其他［希腊］人的指挥官和老师，［告诉其他人］波斯的大军并非不可战胜，一切人和一切财富都要在德性面前俯首称臣。因此，我认为那些［240e］人不仅是我们的身体之父，而且也是我们和这个希腊大陆上所有人的自由之父。看到那一战事，希腊人决心冒险参与随后的战斗，［e5］以捍卫［自身］安全，从而成了［参与］马拉松［之战的人们］的学生。

因此，在［我们的］演说中，必须把最高奖赏授予那些［参与马拉松之战的］人，［241a］而把次奖［授予］那些在萨拉米斯附近和在阿尔忒米西昂参与海战并获胜的人。[1] 关于这些人，

---

[1] 萨拉米斯岛（Salamis）位于阿提卡半岛西侧，阿尔忒米西昂（Artemisium）位于优卑亚岛北端，这两次海战发生在公元前 480 年薛西斯领兵入侵希腊时，属于第二次希波战争时期。薛西斯，大流士之子，公元前 485 年至前 465 年在位。

任何人都有很多话可讲,例如他们面对敌人由陆路和海路[发起]的进攻如何严阵以待,以及如何打退这些[进攻]。

[a5] 想到这一点,在我看来,这是他们最高贵之处,他们完成了与马拉松之战的勇士们前后相承的战事。因为马拉松之战的勇士们向希腊人证明的只有这一点:[241b] 由陆路能够以少数人打退人数众多的野蛮人。然而,海战中如何,依然不甚明了,波斯人以其人数、财富、技能和兵力,拥有在海上所向披靡的美誉。[正因如此,]当时参与海战的人们的这个[壮举]值得赞扬,[b5] 因为他们终结了希腊人拥有的恐惧,让[他们]不再恐惧难以计数的战船和兵士。[1] 因此,二者——那些在马拉松作战的人,以及那些在[241c]萨拉米斯参加海战的人——恰好教

1　这两次海战有众多希腊城邦参与并提供了希腊同盟舰队约一半的海军力量,然而苏格拉底没有明确提及海战的己方人员组成,而是有意做了模糊处理。

育了其余的希腊人,前者由陆路、后者由海路使他们学会并习惯于不再害怕野蛮人。

在拯救希腊方面,第三个发生的,不论在顺序上还是在德性上,我要说,[c5][是]在普拉泰亚1的行动,这一次已经[是]拉刻岱蒙人和雅典人共同的[行动]。实际上,他们打退的全部这些[威胁],最为艰巨和困难,由于[他们的]这种德性,[他们]现在受到我们的赞美,日后[241d]也将受后人[赞美]。2

---

1 普拉泰亚(Plataea)之战发生在公元前479年,第二次希波战争时期。普拉泰亚位于阿提卡以西紧邻的波伊俄提阿地区东南部,在忒拜以南。

2 以上三次战斗,马拉松和普拉泰亚之战是陆战,而在萨拉米斯和阿尔忒米西昂进行的是海战。苏格拉底的相关评价,盛赞了马拉松和普拉泰亚战士们的德性,却未提萨拉米斯和阿尔特米西昂海战参与者的德性,只说他们终结了希腊人对波斯海军的恐惧,尽管他们也有高贵的地方——实际同样拯救希腊免受奴役。

不过，在此之后，很多希腊城邦仍旧和野蛮人站在一起，[波斯]王本人据说图谋再次攻击希腊人。[1] 因此，我们缅怀这样一些人也是正义的，[d5] 他们通过清除一切野蛮人势力，并且把它从海上赶出去，从而给先人们的行动加上了拯救这一结局。他们是这样一些人：他们在欧吕美冬参加海战，[2] [241e] 他们远征塞浦路斯，他们远航到埃及和其他许多地方。[3] 我们应当纪念他们、感谢他们，因为他们让[波斯]王因担心

---

1 相隔十年的两次希波战争，虽然本土作战的希腊世界取得了胜利，但是波斯帝国的实力犹存，依然对前者构成巨大的地缘政治压力，因而很多城邦迫于现实压力依然处于波斯阵营。

2 欧吕美冬海战发生在公元前469年，第二次希波战争之后。当时，喀蒙（Cimon）率领雅典军队在小亚细亚的欧吕美冬河从陆海两方面击败了波斯军队。

3 这些海战发生在公元前459年至前454年，其中在埃及作战时雅典人遭遇惨败，波斯人取得自希波战争以来的首次辉煌胜利。

自身安全而把心思转向自身的安全，而非［e5］图谋毁灭希腊人。[1]

［我们］整个城邦都经受了这场抵抗野蛮人的战争的洗礼，［242a］既为了我们自己，也为了其他操同一语言的人。可是，等到实现了和平、属于城邦的荣誉来到她身上之时，却［发生了］人们喜欢对成功者做的事情：先是［产生］羡慕，［后］又从羡慕到嫉妒。这［a5］使我们的城邦不情愿地卷入与希腊人的战争。[2]

---

[1] 这几场战争虽然看起来是雅典想先发制人，粉碎波斯方面后续侵犯的图谋，但其战争性质一定程度上带有了对外扩张的色彩。

[2] 雅典在长期的对波斯作战中实现崛起，拥有了希腊世界令人瞩目的军事力量，其海军力量更是在希腊世界首屈一指。实力的壮大使得雅典滋生扩张的念头，希腊世界由此形成分别以雅典和斯巴达为首的两大同盟，而随着希腊世界面临的外部威胁暂时得到缓解，希腊内部两大同盟间却矛盾渐深，并最终引发战端。对于战争爆发的原因，苏格拉底在葬礼演说中将其简单说成其

〔附释〕苏格拉底对雅典阵亡者的赞美,选择从雅典人在希波战争中的祖先讲起。

苏格拉底首先揭示了希腊人当时共同面对的大的时代背景:波斯帝国的崛起以及希腊世界由此面临的生存压力。对比前文苏格拉底对雅典土地的赞美,从时间上看,这里描述的波斯壮大史远远晚于雅典人的历史。然而,波斯却迅速实现了对亚非地区的整合,并将矛头直指隔海相望的希腊世界。苏格拉底指出,希波战争之前整个亚细亚已被波斯奴役,受奴役的命运即使尚未降临到希腊世界头上,但人们的思想也已被先行奴役。

紧接着,苏格拉底步步紧逼地描述当时的危险局势。波斯剑指希腊,骁勇的厄瑞特里亚迅速屈服,孤立无援的雅典人独自打响了第一次希波

他希腊城邦对雅典的"嫉妒"——嫉妒雅典在希波战争后获得的荣誉。尽管苏格拉底的这个说法有失严谨,却易于葬礼演说的目标听众理解和接受。

战争中的马拉松之战。苏格拉底刻意渲染雅典人的独立应战,在敌我力量对比悬殊的情况下,雅典人竟然奇迹般获胜。苏格拉底将获胜原因归结为雅典将士们的崇高德性,提出"一切人和一切财富都要在德性面前俯首称臣",并将最高奖赏授予他们。

沿着这样的思路,苏格拉底把次奖授予第二次希波战争中参与萨拉米斯和阿尔特米西昂海战之人。如果说十年前马拉松之战的将士们开创了陆战战胜波斯人的先河,那么这两次海战则开了海战挫败波斯人的先例。只是,这一次是整个希腊世界共同迎敌,因而苏格拉底没有提具体哪些人参战。

苏格拉底随后又提到第二次希波战争中雅典人和斯巴达人共同参与的普拉泰亚之战,以及战后雅典进行东地中海远征中的若干海战。通过这些对外族作战,无论本土防卫还是主动出击,雅典城邦也像波斯一样实现了崛起,最终在提洛同盟的基础上形成了所谓的雅典帝国。

苏格拉底对整个这个时期雅典人祖先的赞美，反复提到他们的"德性"在战争中的决定性意义。然而，他对"德性"一词的使用却颇为讲究：他最初提到的马拉松之战和第三个提到的普拉泰亚之战都是陆战，都两次用到"德性"一词；但在他也高度强调其重要性的两次海战中，海战参与者的德性却显得异常隐晦。

对此，《法义》（706a-707c）中的雅典异乡人的相关看法或许可供参考。雅典异乡人指出，与陆战中的重装步兵相比，水兵不敢与进攻的敌人决一死战，时常准备扔掉武器逃跑且不以为耻。海战胜利后荣誉的分配也很成问题，因为这种胜利靠的是舵手、水手长和划手的技艺，他们都是不那么端正之人，却由此夺走了原本属于最高贵的战士的荣誉。因此，雅典异乡人认为，在希波战争中，真正拯救希腊的是马拉松和普拉泰亚的陆战——前者开始拯救希腊，后者则完成了拯救——而且这类战斗使希腊人变好，海战则不会产生这种影响。

然而，事实上，也正是从第二次希波战争时起，雅典的主要军事力量从陆军正式转向海军。

伯罗奔半岛战争与雅典城邦内战

这场战争爆发后，为了波伊俄提阿人的自由，我们在塔纳格拉与拉刻岱蒙人 [242b] 交战，[1] 虽然这次战斗存在争议，但随后的行动却做出了判决：那些 [拉刻岱蒙] 人退走，撇下了前来支援 [他们] 的人，而我们的人由于第三天在奥伊诺斐塔打了胜仗，公正地召回了 [当地] 那些遭

1　塔纳格拉（Tanagra）之战发生在公元前 457 年，是以雅典和斯巴达为首的希腊世界两大阵营之间的首次较量。当时，一支斯巴达军队在完成了镇压福基斯敌对行动的任务后，担心返乡时遭到雅典人袭击，暂时驻扎在塔纳格拉，雅典民主分子视之为威胁，派兵围攻却未能得胜。塔纳格拉位于波伊俄提阿东部，忒拜东北方向。苏格拉底在《阿尔喀比亚德前篇》（112c）同样谈及此次战事，但有所不同的是将交战原因说成是双方对正义和不义的无知。

到不义流放的人。1 [b5] 波斯战争之后，为了自由，这些人最先援助希腊人抗击[另一些]希腊人，[242c] 他们成为高贵的人，并且解放了那些他们援助的人。因受到城邦的敬仰，他们最先被安葬到这个墓地。2

在此之后，一场更大的战争爆发了，3 所有

1　奥伊诺斐塔（Oenophyta）之战发生在塔纳格拉之战 62 天之后。得知斯巴达人逃离，雅典随即出兵袭击塔纳格拉，在奥伊诺斐塔取得胜利，并摧毁了塔纳格拉的防御工事。奥伊诺斐塔内部寡头派和民主派内讧，前者在外部支持下流放了民主派，雅典则通过这场胜仗又强行扶植民主派返回执政。

2　该墓地即雅典著名的陶匠区公墓，按照苏格拉底的说法，此公墓最早安葬的就是那些在塔纳格拉之战和奥伊诺斐塔之战牺牲的雅典人，即希腊世界内讧的牺牲品。

3　这场战争即公元前 431 年爆发的伯罗奔半岛战争。古希腊世界以雅典和斯巴达为首的两大阵营之间，断断续续进行了长约 27 年的战争，直到公元前 404 年以雅典惨败而告终。

的希腊人都进攻并蹂躏我们的地方,[c5] 对我们的城邦恩将仇报。我们的人在一次海战中战胜他们,在斯法吉亚岛擒获了他们的一些拉刻岱蒙将领。[我们] 本可以处死他们,[却] 饶恕 [242d] 并遣返了 [他们],[同他们] 缔造了和平。1 因为我们认为,与同种族作战只宜战斗到胜利为止,不应因与某个城邦的私怨而毁灭希腊共同体,与野蛮人作战 [则应战斗] 到毁灭为止。2 [d5] 这些勇士值得赞美——他们因参与这

---

1 苏格拉底提到的斯法吉亚(Sphagia,又名斯法克特里亚[Sphacteria])之战发生在公元前 425 年。雅典一开始并未与斯巴达人讲和,直到随后在德利昂和安斐波利斯遭遇惨败,才愿意和解、释放俘获的斯巴达人,并解除对斯法吉亚的封锁,双方最终于公元前 421 年签订了著名的《尼西阿斯和约》,以该和约为标志,伯罗奔半岛战争第一阶段结束。斯法吉亚岛位于伯罗奔半岛西南,扼皮洛斯港咽喉。

2 对于这种内外有别的作战原则,苏格拉底在《王制》(卷五,469b-471b)中做了更为详细的论述,

场战争而安息于此——因为即使有人争论说，在早前抗击野蛮人的战争中有其他人比雅典人更勇敢，他们也证明了这种争论并不真实。因为当时这些人[242e]表明，在希腊人彼此反目时，他们在这场战争中更优越——他们俘虏了其他希腊人的那些领袖，独自战胜了那些曾与之共同战胜野蛮人的人。

这一和平之后，第三次战争爆发了，[e5]出人意料且异常惨烈。[1] 在这场战争中，许多殒命的高贵之人安息在这里，[他们]许多人在西西里[243a]为了勒翁提诺伊人的自由立起了最多

他主张希腊人应当避免奴役希腊人的城邦，而且应该"使宽恕希腊民族这一做法成为自己的传统，以防遭受外族人的奴役"。他还在称呼上进行区分，主张"和自己人发生对抗，这叫内讧，和别人发生对抗，这叫战争"，认为二者具有本质不同，因为希腊人和外邦人，"双方是自然的敌人"，至于希腊人和希腊人，"本质上他们仍是朋友"。

1 《尼西阿斯和约》并未得到双方的认真遵守，几年之后，两大阵营再次爆发全面战争。

的战胜纪念柱，[他们] 出于誓言要援助勒翁提诺伊人才航行到那个地方。[1]

但是，由于航程遥远，困难重重，城邦难以帮助他们，[a5] 他们放弃了，遭遇了不幸。那些与他们打过仗的敌人，因节制和美德，获得了比其他人的朋友更多的赞美。[2] 还有很多人 [死于] 赫勒斯滂托斯海战，他们不仅在一天之内俘获了敌人的全部 [243b] 船只，还取得了其他众多胜利。[3]

---

1 公元前415年，雅典借口援助西西里岛（Sicily）上的一些城邦，发动了著名的西西里远征，该远征前后持续两年之久，最终雅典远征军几乎全军覆没。西西里远征的失利，成为雅典由盛转衰的重大标志性事件。

2 希腊文原文有歧义，此处依字面意思译出。也有西文译本将这句改译为："他们因审慎和德性，从与他们打过仗的敌人那里，比其他人从他们的朋友那里，获得了更多的赞美。"

3 公元前411年至前410年，雅典在居诺斯塞马、居齐科斯和阿比多斯等海战中对斯巴达取得了一些我说过这场战争异常惨烈且出人意料，说的是其他希腊人与我们城邦的嫌隙到了如此程度，竟至于决心派使者与我们最痛恨的［波斯］王商谈和约——［b5］他们曾和我们一道将之驱逐——他们私下怂恿这个敌视希腊人的野蛮人回来，纠集所有希腊人和野蛮人进攻我们的城邦。1

当然，［243c］我们城邦的力量和德性变得有目共睹。人们以为她已经被战争拖垮，战船也在缪提勒涅被拦截，2 他们3 乘坐六十艘战船前去

胜利，这些战争又称赫勒斯滂托斯（Hellespont）海战。这里的说法有明显夸大。

1　公元前413年，斯巴达人开始与波斯人串通，反对雅典在伊奥尼亚的利益，次年双方签订《米利都条约》，规定所有原属于波斯的希腊殖民地归还波斯帝国。不过，斯巴达很快便废除了该条约。

2　缪提勒涅（Mytilene）海战发生在公元前407年。缪提勒涅位于勒斯波斯岛东南部。

3　指公元前406年的阿尔吉努塞（Arginusae）海战中的雅典将士。苏格拉底提及此次海战的方式颇为隐

增援；他们登上战船，公开表明他们是［c5］最优秀的勇士，不仅征服了敌人，而且解救了友人，虽然他们遭受了厄运的打击，无法从海中被打捞起来安息在这里。［243d］我们应当永远怀念并颂扬他们，由于他们的德性，我们不仅赢得了那天的海战，而且也［赢得了］随后的战争。

正因为有了他们，我们的城邦才拥有了这样的令名：她任何时候都不会被打垮，甚至整个人类都不能［将她打垮］。实际情况是，我们受到了我们［d5］自己不和的掣肘，而非败于他人之

晦，全然不提战事的发生地点，只述将士的不幸结局，也许是因为这一结局太众所周知。

阿尔吉努塞岛位于勒斯波斯岛东南，此次海战也是伯罗奔半岛战争中最大规模的海战。雅典虽然在此次海战中获胜，但猛烈的风暴和恶劣的海况使他们无法营救受损舰船上的士兵以及打捞阵亡者尸体，因此指挥此次海战的十位将军中有六人被愤怒的雅典人以渎职罪处以死刑。历史上，苏格拉底曾试图干预和阻止这一判决。

手。1 即使现在,那些人依旧不能战胜我们,只是我们自己战胜和打败了我们自己。

这场战争过后,[243e] 继而一片宁静,我们同其他人和平相处,自己却以这样的方式打起了内战——如果注定人们会起内讧,没有人会求神使他的城邦以其他方式患病。因为佩莱坞斯和 [雅典] 城中的 [城邦民] [e5] 多么喜悦和友好地彼此和解了啊,并且这些城邦民也出乎意料地与其他希腊人 [和解了],他们在处理对厄琉西斯人的 [244a] 战争时多么节制啊。2

1　修昔底德在《伯罗奔半岛战争志》卷二 65.12 表达了类似观点。不过,观点相同并不意味着意图相近。苏格拉底在葬礼演说语境下这样说,带有更多激励雅典人意志和精神的道德考量,而现实主义者修昔底德更多是为了说出一个冷峻的客观真理。

2　雅典邦运的衰落并未因伯罗奔半岛战争结束而转圜,反而雅典派系内讧愈演愈烈。最后,民主派和寡头派分别以佩莱坞斯港(Piraeus)和雅典城为据点,两相对峙,大打出手。对于雅典内讧的经过,苏格拉底显对于这一切，没有其他原因，除了真正的血族关系，这种关系不是在言语上而是在行动上产生了一种稳固的、同族的友谊。也应当纪念那些在这场战争中死于对方之手的人，[a5] 而且我们

得讳莫如深，仅仅非常简要地提到内讧的结局：佩莱坞斯和雅典两地邦民的和解、雅典人与其他希腊人的和解、对厄琉西斯人有节制的战争。

苏格拉底这里的讲述尽管显得波澜不惊，但雅典这一时期的政治局势实则波谲云诡。公元前404年，雅典寡头派在斯巴达支持下建立三十僭主恐怖统治，处死大批民主派及温和的寡头派，民主派被迫逃至佩莱坞斯，寡头派则占据雅典城。次年，三十僭主统治被推翻，民主派迫于形势需要，与寡头派达成和解，和解条款之一即允许雅典以西不远的厄琉西斯独立并用以安置寡头派。与此同时，重建的雅典民主政权，对内强制推行大赦，保护留在邦内的寡头派，稳定城邦局势；对外则主动与以斯巴达为首的希腊非民主制城邦和解，创造有利的邦际环境。不过，厄琉西斯的独立地位并未维持多久即被雅典以武力重新兼并，同时厄琉西斯的指挥官们遭到折磨和处决。

要尽可能使他们和解，用祈祷和献祭，在这样一些场合，向那些统治他们的人祈祷，既然我们已经和解。因为他们相互大打出手并非出于邪恶或仇恨，[244b] 而是源于不幸。对此，我们这些在世者自身可以作证：由于与那些人是一个种族，我们已经宽恕了彼此，不管我们做过什么和遭受过什么。

[附释] 苏格拉底在对该时期雅典阵亡者的赞美中，并没有再像前一时期那样排列德性次序，而是以战争规模递增的顺序，讲述了三个时期的有关战争：伯罗奔半岛战争正式爆发前的塔纳格拉之战，伯罗奔半岛战争第一阶段中的斯普法吉亚岛之战，伯罗奔半岛战争第二阶段的一系列战斗，包括西西里远征、赫勒斯滂托斯海战和阿尔吉努塞海战。上述三个时期的战争中，只有最初的塔纳格拉之战是陆战，其他均为海战或以海战为主。

苏格拉底提到了上述战争的理由，表面看这

些战争都与雅典人高贵祖先们的信念一致，都是在为自由而战、保卫国土和抵抗蛮人入侵。然而，此时"为希腊人而抗击希腊人"的行为所追求的自由，实际已经成为一种纯粹的政治口号，目的不过是为了维护雅典同盟的利益，或者说为了维护雅典城邦自身的利益。

最初，苏格拉底在这部分赞美第一个时期的塔纳格拉之战中的雅典阵亡者时，提到"他们最先被安葬到这个墓地"，由此可知，该墓地启用于希腊世界内战之时，而且主要纪念的也是死于希腊世界内战的雅典阵亡者。这一点在苏格拉底赞美第二个时期的斯普法吉亚岛之战的雅典阵亡者时再次得到证明，苏格拉底明确提到他们"安息于此"。

当苏格拉底赞美第三个时期西西里远征的雅典阵亡者时，他把实际上是雅典帝国的对外征服行动，说成是为了捍卫勒翁提诺伊人的自由，把远征的惨败说成是由于航程遥远、城邦补给困难。如果我们对比前一阶段雅典进行的塞浦路斯和埃及远征，就会看出此次规模更大、结局更惨烈的远征，其正当性颇为可疑。毕竟，前两次远征是以肃清和驱逐波斯海上势力为目的，此次远征则是希腊人之间的内斗。或许正因如此，苏格拉底相当含混地评价西西里远征的阵亡者说："那些和他们打过仗的敌人，因审慎和德性，获得了比其他人的朋友更多的赞美。"（《默涅克塞诺斯》243a）这是苏格拉底在这部分首次提到"德性"，至于苏格拉底这句话究竟是在赞美雅典人还是其敌人，一直众说纷纭。无论如何，倾尽城邦之力远征西西里，这种做法本身并非审慎之举，苏格拉底对此也并非没有看法。

另外，在这个阶段的赞美中，苏格拉底只三次提到"德性"。第一次出现在刚刚提到的评价西西里远征时，紧接着的两次则出现在讲述阿尔吉努塞海战的段落中，其中一次指雅典城邦的"德性"，另一次指阿尔吉努塞海战阵亡者的德性。苏格拉底之所以称赞雅典城邦的德性，是因为当人们以为她已经被战争拖垮时，她依然不屈不挠组织增援舰队出海迎敌；至于为什么称赞阿尔吉努塞海战阵亡者的德性，情况却有点复杂。

历史上，雅典在阿尔吉努塞海战中奇迹般以少胜多，然而当时恶劣的海况阻碍了对落水者以及阵亡者尸体的打捞，雅典人为此还迁怒并处死了指挥此次海战的其中六位将军，包括雅典已故领袖伯里克勒斯之子小伯里克勒斯。我们不禁要问，苏格拉底并未直接称赞与波斯庞大海军舰队交战并取胜的萨拉米斯和阿尔特米西昂阵亡者有德性，却在这里称赞希腊内战中的己方阵亡者有德性，苏格拉底这样做是否有失偏颇？或者，是否存在这种可能，即苏格拉底这样说的目的，只是为了称赞被无辜处死的将军们？毕竟，在雅典邦运风雨飘摇之际，他们无一不是城邦安危的重要担纲者。无论如何，"德性"一词再未出现在苏格拉底讲述的雅典战争史随后部分中。

苏格拉底在讲述完上述三个时期的战争之后，提到了伯罗奔半岛战争末期雅典城邦的内战。言辞之中，苏格拉底大力宣扬城邦民之间的"血族关系""同族友谊""和解"和"宽恕"。面对雅典城邦历史上不容回避的悲惨一幕,苏格拉底这样做可谓用心良苦。

首先,毫无疑问,这是在应对雅典城邦内部的团结问题,或者说政治凝聚力问题。一个良好的政治秩序,必然要以苏格拉底这段话中宣扬的观念为基础,《法义》中雅典异乡人所举的三个法官的例子体现的就是这一点。雅典异乡人肯定了第三位有德性的法官,而他不同于另外两个法官之处,在于他统治德性好坏不一的同族兄弟时,既基于血缘,又致力于促进具有不同德性的兄弟之间的友谊:"他能接管这个四分五裂的家庭,不消灭任何人,反而为他们的来日制定法律来调解,以守护他们彼此之间的友爱。"(参《法义》627b-628a)因此,好的政治统治不能基于对不义之人的人身消灭,而是要让有德性之人通过制定好的法律进而守护邦民之间的友谊:"友谊乃是城邦最高的善,而且是消除城邦动乱的最佳手段。"(亚里士多德,《政治学》1262b6)

其次，苏格拉底这里也针对希腊诸城邦之间的凝聚力问题，因而可将之视为他一贯强调希腊世界团结的延续。苏格拉底之所以在讲述城邦内讧时提到雅典人与其他希腊人的和解，并且强调"血族关系"和"同族友谊"，一方面在于希腊世界始终面临波斯帝国的威胁，因而必须戮力同心一致对外；另一方面，希腊世界邦际关系的好坏也会对一个城邦的内部关系构成直接影响，换言之，一个城邦的统治秩序不可能不受其所处邦际政治环境的影响。

鉴于在世者已经达成和解并宽恕彼此，于是，苏格拉底呼吁要尽可能"用祈祷和献祭"使大打出手的双方死者们和解。苏格拉底这样措辞，暗示了当时城邦面临的政治凝聚力问题依然严峻。一个党派分立、党争不断的城邦不是好城邦，相应地，城邦和邦民也难以有好德性，这也是为什么在苏格拉底讲述雅典内讧阶段德性问题彻底隐匿的原因。

总之，从苏格拉底对雅典内讧的讲述我们可

以看出，邦民和城邦德性的败坏与城邦严重内讧的发生互为表里。如果说雅典内讧更多只是单个城邦疾病的症状，那么接下来的科林多战争则可看作整个希腊世界身患重病的表征。

科林多战争中的大混战

这之后，我们处于完全的和平之中，城邦得以休养生息。［b5］她原谅了那些野蛮人，由于受了她的虐待，他们报复时并不手下留情。不过她对希腊人却心存不满，想到他们受过自己优待却这样［244c］报答：他们串通野蛮人，剥夺了［她］那些曾经拯救过他们的战船，推倒了［她的］城墙——我们曾阻止他们的［城墙］被摧毁。[1] 我们的城邦打算不再援助希腊人，无论他们相互［c5］奴役，还是受野蛮人奴役，她就这

---

1 雅典在伯罗奔半岛战争中战败，被迫拆除城墙，实质上成为斯巴达的附庸。

样维持着。1 就在我们处于这种打算之中时,拉刻岱蒙人却以为我们这些自由的守护者已经被打垮,此时[244d]奴役别人是他们的事情,他们就做了这事。

需要什么长篇大论呢?因为我要讲的,既不是很久以前发生的事情,也不是与古人相关

---

1 随着城邦内讧的和缓,雅典人的心态也在发生微妙变化:城邦选择原谅作为敌人的波斯人,却对希腊人心怀忿恨——这是一个令人震惊的说法,不过被苏格拉底用从容平淡的讲述掩盖了下来。苏格拉底给出了雅典人心态变化的原因:原谅敌人是因为,既然相互为敌就不会奢望对方心慈手软,因而对于敌人的任何报复都会认为理所当然;不原谅希腊人是因为,雅典曾在希波战争中保存了他们的城邦,他们却出于嫉妒恩将仇报,甚至串通波斯剥夺雅典舰队并毁掉雅典城墙。苏格拉底前面说雅典与其他希腊人实现了和解,这里又说雅典对后者心存不满,这两种自相矛盾的说法即便都属实,也至少突显了雅典人心态的反复以及希腊人内部和解的脆弱性。

的事情。我们这些人都知道，当惊慌失措的时候，[d5]那些希腊的佼佼者们——阿尔戈斯人、波伊俄提阿人和科林多人1——曾前来向我们的城邦求援，而且所有[事情]当中最神奇的事情是，[波斯]王也深陷困境，结果，他周边的安全不是来自别的地方，而是产生于我们的城邦——他曾经热切地[244e]要彻底摧毁她。

倘若有谁想公正地指责我们的城邦，只有这样说才能正当地指责她：她总是太富于同情心，

---

1 苏格拉底列举的这三个城邦具有不同的代表性。处于雅典和斯巴达之间的阿尔戈斯立场摇摆，历来对两大强权都亦敌亦友，例如，前文苏格拉底说雅典人的祖先就曾先与阿尔戈斯人为友，后又彼此反目（《默涅克塞诺斯》239b5），而在伯罗奔半岛战争期间，雅典曾一度与阿尔戈斯结盟以共同应对斯巴达的威胁（《伯罗奔半岛战争志》5.47）。波伊俄提阿由于是雅典近邻，大多数时候是雅典的盟邦（《默涅克塞诺斯》242a6），科林多则是斯巴达的传统盟友。

[总是做]较弱一方的支持者。[1] 而且在那个时候，她做不到无动于衷或者[e5]坚定地执行她的决定，[做不到]不再搭救身受奴役的[245a]伤害过她的人；相反，她妥协了，并且伸出了援手。她搭救了那些希腊人，使他们从受奴役中获得解放，他们成了自由人，直到他们再次使自己遭受奴役。然而，她不会下决心搭救[波斯]王，[a5]辱没马拉松、萨拉米斯和普拉泰亚的荣誉，不过，因为仅仅允许流亡者和志愿者实施援助，人们公认她救了他。[2]

---

[1] 雅典人对外抗击蛮人入侵保卫领土、对内主持正义维护希腊世界政治秩序的传统政治信念遭到漠视，"同情心"反而成为雅典政治行动的指针，非理性原则在雅典政治中愈发大行其道。

[2] 不难发现，雅典种下的原谅波斯的"种子"已经悄然开花结果，尽管据说这种救助只是城邦默许之下雅典人的私人行为。苏格拉底这里再次提到的雅典先人在马拉松等地的荣誉，只不过是雅典城邦此时的一块"遮羞布"。

建造了长墙和舰船后,［245b］她接受了战争——因为她是被迫参战——为了帕罗斯人与拉刻岱蒙人作战。[1] 然而,当［波斯］王看到拉刻岱蒙人放弃了海战后,由于害怕我们的城邦,他想要放弃［作战］,[2] ［于是］索要［b5］［亚细亚］大陆上的希腊人——拉刻岱蒙人之前［将他

---

1 雅典的这块"遮羞布"随即就被苏格拉底悄悄揭去:正是在波斯的金援下,雅典重建长墙和舰队,并接受了与斯巴达人(即拉刻岱蒙人)的战争。在此之前,雅典将领科侬曾说服波斯人让雅典控制了波斯相当大一部分舰队,将斯巴达人驱逐出了居克拉迪群岛。句中提到的帕罗斯是居克拉迪群岛中的第四大岛,位于爱琴海中心位置。

2 公元前394年夏,科侬率领一支由波斯战船组成的庞大舰队,在东爱琴海克尼多斯海战中粉碎了斯巴达舰队,并于次年开始攻击斯巴达本土。波斯王由于既不想亲自统辖这些难以驾驭的希腊城邦,又不愿看到雅典和斯巴达任一方独大,因而打算从战争中抽身,坐山观虎斗。

们］交出去给了他[1]——以此作为同我们和其他那些盟军［继续］作盟友的前提。[2]

他以为［我们］不会愿意，这样他就有了［245c］退出的借口。他错误估计了其他那些盟军：科林多人、阿尔戈斯人、波伊俄提阿人和其他盟军，愿意［将他们］交出去给他、［与他］订盟约并发誓，只要他答应提供金钱，他们就会交出［亚

---

[1] 雅典在军事上的重新崛起，促使斯巴达在公元前392年与波斯讲和，同意归还曾经属于波斯的岛屿，并允许其他希腊城邦保持自由和自治。雅典人和忒拜人反对这种安排——雅典人主要担心失去刚得到的斯基罗斯、伊姆布罗斯和勒姆诺斯等岛——科林多战争又持续了五年。

[2] 随着雅典击溃斯巴达舰队并开始攻击斯巴达本土，力图维持希腊世界分裂和内斗局面的波斯，转而意欲退出与雅典以及科林多等城邦结成的新同盟。为了名正言顺地退盟，波斯佯装公开对希腊盟友"索要［亚细亚］大陆上的希腊人，"实则寄望遭到拒绝并以此作为退盟的借口。

细亚]大陆上的[c5]希腊人。只有我们既没有下决心交出[他们],又[没有下决心]发誓。1

毫无疑问,我们城邦的高贵和自由如此根深蒂固、完好无缺,而且她天生憎恶野蛮人,[245d]因为我们纯粹是希腊人,没有与野蛮人混杂。因为跟我们聚居在一起的,既没有佩洛普斯、卡德摩斯、埃吉普托斯或者达那俄斯的后裔,1 也没有

---

1 暂且不论波斯的声索是否合理,苏格拉底策略性地把声索对象说成是"[亚细亚]大陆上的希腊人",这种颇具煽动性的说法,会极大地激起听众内心的道德义愤。新形成的反斯巴达同盟就此瓦解,原因显然在于其他希腊人宁要金钱不要同胞。他们的这种选择尽管极其有损自身德性,然而雅典接受波斯金援以与斯巴达厮杀的做法,实际在性质上并无不同,甚至有过之而无不及。

1 根据传说,佩洛普斯(Pelopses)是伯罗奔半岛西部比萨城邦之王,埃吉普托斯(Aegyptus)是埃及国王,达那俄斯(Danaus)是埃吉普托斯的孪生兄弟,阿尔戈斯城邦之王。按照苏格拉底的说法,这些地方的人被认为并非纯正的希腊人。

很多其他本性上是野蛮人、法律上是希腊人的人。我们是希腊人,没有［d5］跟野蛮人杂居,因此,对野蛮人的纯粹憎恶自然地融入了我们的城邦。因而,我们再次被遗弃了,［245e］由于不愿做出把希腊人出卖给野蛮人这种可耻且不圣洁的行为。[1]

随后,我们回到了之前被战争打垮的这种［情况］,然而在神的帮助下,我们把这场战争处置得比以前更好。因为我们保全了战船、城墙和［e5］我们自己的殖民地,我们想这样从这场战争中解脱,我们的敌人也满意于这样的解脱。[2] 不

---

[1] 在雅典百年战争史接近尾声之处,苏格拉底再次强调雅典人的本土性:由于雅典人是纯粹的希腊人,不仅血统纯正未曾与蛮族混血,而且无论从法律还是本性上都与蛮族有本质不同,故雅典人天生憎恶蛮族。

[2] 公元前392年至前391年讨论的和解条款中,波斯并未反对雅典保留爱琴海北部的勒姆诺斯、伊姆布罗斯和斯基罗斯等岛。公元前388年,雅典与塞浦路斯

过，在这场战争中，许多英勇之人被夺去了［生命］——他们在科林多遇到了不利地形，又在勒凯昂遭遇了［246a］叛乱。[1] 那些使［波斯］王获得自由以及将拉刻岱蒙人从海上驱逐的人，他们也英勇无比。[2] 他们就是我为你们忆及的人，

和埃及建立强有力的同盟，致使当时作为雅典盟友的波斯寻求改善与斯巴达的关系。随后，波斯与斯巴达签订和解条约，并通过封锁赫勒斯滂托斯海峡和骚扰阿提卡沿海，迫使雅典同样接受该条约，其中一条规定把小亚细亚大陆的希腊人纳入波斯治下。同时，据该条约有关条款，雅典人被允许保有勒姆诺斯等岛。该条约最终签订于公元前386年，史称《大王和约》，又称《安塔尔西达斯和约》。

1　早在公元前392年，从科林多到勒凯昂的长墙被科林多内部同情寡头派者出卖，斯巴达遂得以在科林多北部建立要塞。

2　"使［波斯］王获得自由"的人，指在波斯舰队效力的雅典雇佣军，这些人中最著名的是雅典将军科依，他在很多场合成功地打败了斯巴达舰队。

你们适合一齐赞美和敬重这类人。[1]

[a5] 这些就是长眠于此的勇士们的事迹,以及所有其他为我们城邦献身的勇士们的事迹,虽然我讲了很多美好的话,然而还有更多更美好的依然 [246b] 没有讲,因为倘若有人打算将这一切和盘托出,多少个昼夜都讲不完。因此,所有记得这些人的事迹的人,都要鼓励他们的子孙,只要在战场上,就不可擅离先人们的职守,[b5] 亦不可屈服于怯懦逃离战场。因此,高贵的勇士

1　尽管苏格拉底在葬礼演说中自始至终都注重雅典人的团结以及希腊世界的团结,但实际我们看到,苏格拉底在战争史末尾却说"那些使 [波斯] 国王获得自由以及将拉刻岱蒙人从海上驱逐的人,他们也英勇无比"。这里暗含一个巨大的讽刺:在葬礼演说这个赞美为雅典牺牲的爱国将士的场合,最后却同样要赞美和敬重那些为波斯而死之人。百年前,雅典人为自身和希腊人的自由而战,百年后他们为波斯国王的自由而战;百年前,他们将波斯人从海上驱逐,百年后他们要驱逐的却是斯巴达人。

们的孩子啊，我本人此刻就在鼓励［你们］，在［我］有生之年，不论在哪儿遇到你们中的谁，[246c] 我都会提醒和劝你们要一心做最勇敢之人。[1]

［附释］在这部分，柏拉图笔下的戏剧人物苏格拉底，开始为默涅克塞诺斯讲述公元前399年历史人物苏格拉底死后发生的事件——科林多战争的相关情况。

雅典在伯罗奔半岛战争中战败，它在爱琴海地区的影响迅速被斯巴达取代，斯巴达再次成为希腊世界首屈一指的强权，且日益引起昔日盟邦的恐惧。同时，由于在控制伊奥尼亚诸城邦方面

1　苏格拉底这里关于坚守岗位和规劝他人的话，很可能在模仿《苏格拉底的申辩》中的相关说法："雅典的人们，当你们选举来指挥我的长官安排我在某个岗位上时……我就像别的任何人一样，冒着死的危险待在被安排的岗位上。"（《苏格拉底的申辩》28e）

的分歧，斯巴达与波斯在公元前400年公开发生冲突。

在斯巴达与波斯的海上交锋中，很多雅典雇佣兵加入波斯舰队，雅典亦在公元前396年非正式地向波斯舰队遣送船员和海军。由此，雅典与斯巴达之间的敌意在公元前395年又一次公开化，随着希腊诸城邦再次向雅典求援，波斯国王也因深陷困境开始扶植雅典与斯巴达作战，于是雅典联合阿尔戈斯人、波伊俄提阿人和科林多人，共同抗击斯巴达对希腊大陆的入侵，科林多战争由此爆发。

当曾经分属于不同政治阵营的城邦都来求助于雅典，也就意味着伯罗奔半岛战争之后希腊世界形成的新的政治局势开始重新洗牌，而传统的政治生态则面临前所未有的冲击和破坏。更有甚者，据苏格拉底的说法，连波斯国王也有求于雅典。至此，传统的敌友关系界线已经不只是在认知方面出现模糊，百年前希波战争时期希腊世界形成的以雅典和斯巴达为首的反波斯同盟，百年后则实质上演变为以雅典为首的部分希腊世界联手波斯的反斯巴达同盟。

与此同时,苏格拉底为默涅克塞诺斯点出了雅典主导政治原则的蜕变:新的"同情心"原则正式取代了雅典传统的"自由"原则。"同情心"原则意味着雅典政治决策的非理性化,从此,雅典的政治现实被变幻莫测的"同情心"所左右,雅典城邦总的道德状况和德性标准开始变得愈发混乱。

苏格拉底让默涅克塞诺斯看到,表面上在"同情心"的作用下,雅典决定不再独善其身甘做希腊世界的旁观者,再次投身于战争之中,而实质上战争的目的则隐隐约约在向金钱偏移。在金钱的天平上,曾经备受珍视的马拉松荣誉似乎已经变得一文不值。于是,雅典以生活在亚细亚大陆上的那些希腊人的命运为筹码,与波斯钩心斗角,并最终通过出卖他们获取自身利益。这也是为什么苏格拉底实际没有明示亚细亚大陆上希腊人的结局,只是委婉地强调雅典自身因不能下决心放弃他们而再次被希腊世界遗弃。

最后，苏格拉底呼应葬礼演说开篇强调的雅典人的本土性特征，再次回到雅典人的本土性这个话题。然而，与苏格拉底在前文讲述的雅典人基于创生的本土性不同，他在这里对雅典人本土性的强调，是通过进一步划分希腊人的类型来进行的：首先是作为纯粹希腊人的雅典人，其次是那些虽然自身已经是希腊人但其祖先却是蛮族人（珀罗普斯、卡德摩斯等人）的人，第三类是其他虽施行希腊法律而本性上却未希腊化之人。

苏格拉底的这种划分不仅指出了雅典人与斯巴达人或忒拜人等的区别，同时提出了法律与本性的不同，强调真正的德性是基于本性，而非基于所施行的法律。我们无须深究苏格拉底这一说法的合理性，他在讲述战争史末尾处这样说，实际上无疑是要再次强化雅典青年一代的本土意识、德性意识和身份意识，很大程度上这也是苏格拉底为默涅克塞诺斯"转述"这篇葬礼演说的目的所在。

演说中的演说：阵亡者的劝勉与抚慰

在目前这种情况下，我理应讲述你们的父亲们嘱托我向那些被永远撇在身后的人宣告的话，如果他们在即将去冒险时遇到什么不测。我要向你们［c5］宣告我从他们本人那里听到的内容，以及现在如果他们有能力，他们将愉快地对你们说的话。你们应当认为是在从他们本人聆听我要宣告的内容。他们讲了这些：

［246d］孩子们啊，你们是高贵的父亲们的孩子，目前的情况就表明了这一点：尽管我们可能生活得并不高贵，我们却选择更高贵地去死，在给你们和后人们招来辱骂之前，以及在让我们的父亲和所有［d5］祖先蒙羞之前。[1] 因为我们认为，让自

---

[1] "生活得并不高贵""辱骂"和"蒙羞"，"阵亡者"的这些说法，与其说是自谦，不如说是苏格拉底对他们自身德性的一种反讽，也呼应了对话开篇234c苏格拉底嘲讽葬礼演说人的部分。

己的这些［亲］人蒙羞［的生活］是难以容忍的［生活］，对于这样一个人，既不会有人也不会有神做［他的］朋友，无论在世上还是死后在地下。

因此，你们应该牢记我们的话，假如你们练习别的什么事情，要带着德性去练习，[246e] 要知道，丢掉了这一点，一切财富和事业都不仅可耻而且坏。[1] 因为财富不会给［它的］缺乏男子气的拥有者带来高贵——因为这样一个人是在为别人而非他自己变得富有——[e5] 沾染了怯懦和罪恶的身体的美和力量，也不会显得得体，而是丑陋。

---

1 "阵亡者"提到了"财富"和"事业"，暗示他们上文之所以说自己可能生活得不高贵，皆因抛弃了德性追求财富和事业：为了"财富"选择做波斯国王的雇佣兵，为着波斯国王的"事业"与希腊人内战。苏格拉底在叙述马拉松之战的启示时说，"一切人和一切财富都要在德性面前俯首称臣"，"阵亡者"这里的说法及其行为，为苏格拉底这句话提供了反面例证。

它们让拥有者更加显眼，并暴露其怯懦。[1] 一切知识，脱离了［247a］正义和另外一种德性，会显出是一种邪恶，而非智慧。[2]

---

[1] 以雇佣兵的身份追逐财富且与同族人厮杀，不是真正男子气的表现，这样做只不过是在为波斯国王积累财富，这样的人即使身体再孔武有力也是丑陋的，并且显现出自身的怯懦——惮于波斯势力、惑于波斯财富而替波斯卖命，与自己人作战。比较《苏格拉底的申辩》30b："德性不来自金钱，而是，金钱和人类所有别的好处，无论个体的还是城邦的，之所以好，都是因为德性。"

[2] 苏格拉底并未明确"另外一种德性"具体所指。众所周知，古希腊推崇"正义""节制""勇敢""智慧"四种美德，这里提到了"正义"和"智慧"，前一句则与"勇敢"相关，那么就只剩"节制"尚未出现。如果"另外一种德性"指的是"节制"，或许意味着阵亡者在告诫人们，知识的运用不能脱离正义和节制，换句话说，拥有知识的智慧之人理应具有正义和节制德性，抛弃正义和节制运用知识，会是一种邪恶的行为，并非智慧之举。亦有观点认为"另外一种德性"

因为这些，你们千万要自始至终尽力饱含热情，以便你们在名望上能极大地超越我们和那些先人。如果不是这样，［a5］你们要知道，对我们来说，假如我们在德性方面胜过了你们，这个胜利会［为我们］带来耻辱，反之，［我们的］失败——如果我们被打败的话——［则会带来］幸福。

最好的情况是，我们被战胜，你们获得胜利，假如你们让自己准备好［247b］既不会滥用先人的声望也不会糟蹋它的话。[1] 要知道，对于一个

指的是"虔敬"，因为前文提到阿提卡的土地生出了"信奉正义和诸神的人类"（《默涅克塞诺斯》237d7）。

1　这样的说法解释了前文提到的可能使父亲和祖先蒙羞的原因，同时很可能也是在暗中指责这些死者德性差，让先人蒙羞，甚至滥用糟蹋先人的声望。

事实上，前面讲述的雅典战争史就明确体现了这层意思，因为在这部分赞美内容中，赞扬的下降特征很明显：马拉松的勇士们获得了最高的敬意；在次序和功绩上都排第二的，是教导古希腊人可以在海上击败蛮族，从萨拉米斯凯旋的人们；在次序和功绩上都居第三位的，

自我期许甚高的人来说,最可耻的事情莫过于让自己并非由于自身而是由于先人的声望才受人尊敬。因为祖先的荣誉对于子孙是一笔美观〔b5〕且价值连城的宝藏;只使用钱财和荣誉的宝藏,却由于自身缺乏财产和荣誉不能传给子孙,〔那是多么〕羞耻且没有男子气。〔247c〕假如你们一心践行这些,你们将会像朋友走向朋友那样来到我们〔身边〕,无论注定的命运何时将取走你们〔的生命〕;〔假如〕你们没〔这样〕做且变得怯懦,没有人会友好地接纳你们。我要对孩子们说的就是这些。[1]

是参加过普拉泰亚之战的人们。这里战士们对孩子们说的话暗示,上述排第二和第三的人,其实某种程度上过着不体面和耻辱的生活。如今,阵亡者也得到了这样的颂扬,即使事实上他们没有什么可以超越祖先的荣誉,或者哪怕通过竞争些许增添祖先的荣誉。

  1 "阵亡者"以一种假设结束了他们对孩子们的劝勉。这一劝勉既教导习传伦理德性,又暗中谴责了阵亡者,反讽的是,还把谴责放到了"阵亡者"们自己

[c5]［对于］我们尚健在的父亲和母亲，应当始终安慰他们尽可能轻松地忍受这个不幸，假如它碰巧真的发生的话，而非［和他们］一同悲恸——因为他们并不缺乏悲哀，[247d] 已发生的不幸将足以提供这个［悲哀］——为了医治和缓和［他们的悲哀］，要提醒他们，诸神已经对他们祈求的东西给予了极大的关注。既然他们祈求的不是他们孩子们的永生，[d5] 而是孩子们的勇敢和扬名，他们［的孩子们］已经得到了这些——它们是最大的善——尽管对于一个有死的凡人，在其一生中一切都顺心如意不会轻易实现。通过勇敢地忍受不幸，他们才看起来像是勇敢的孩子们的父亲，而且 [247e] 他们［实际］也会是这样的人；然而，倘若他们耽于悲伤，人们就会产生怀疑——或者［他们］不是我们的［父

口中。不过，这种对阵亡者的反讽更多是为了反衬他们所劝勉的德性，不能因为他们自身德性有缺，就认为以他们之口传达的德性教导也大打折扣。

亲], 或者那些赞扬我们的人在说谎。

这两种情况都不应该[出现], 他们应该尽可能用行动来做我们的赞美者, 让自己显得是男子汉, 是男子汉们的父亲。[e5] "勿过度"这句古老的格言,[1] 看起来说得很好, 也确实说得很好。因为如果一个人依靠自己获得所有[248a]或者几乎所有能带来幸福的东西, 而不是指望他人——随着他人做得或好或坏, 他自身的[行为]也被迫亦步亦趋——这样一来, 对于生活, 他就为自己做了最好的准备, 这个人就是一个节制的人, 一个勇敢和明智的人。[a5] 无论他的钱财和孩子存在还是失去, 他都对这条格言深信不疑; 既然他相信自己, 他就既不会显得过于欢娱,

---

1　这是德尔斐阿波罗神庙的一句箴言, 该神庙共有两句著名箴言, 另一句是"认识你自己"。这些作为儿子的"阵亡者", 将作为一项命令的德尔斐箴言"勿过度", 解释成不允许一个人的幸福过度依赖于别人。

也不会显得过于受困扰。[1] [248b] 我们敬重这类人,希望而且宣称我们的[父亲]就是这类人;现在,我们要让我们自身显得也是这样的人,不会过于不情愿或害怕,如果必须在目前的状况下去死。[2]

1　比较《王制》(387d- 388a),苏格拉底在描述一个高尚之人面对生活的变故时说:"一个高尚的人并不认为死亡对一个高尚的人来说是一件可怕的事,即使那人是他的朋友……他同样不会为那人哀叹,就好像那人经历了什么可怕的事件……像这样的人,在谋求幸福生活方面,最富有独立自主的精神,和其他人不同,他最不需要别人的帮助……因此,对他来说,失去儿子或兄弟或家产或其他类似的东西,根本没有什么可怕……因此,他也最不会哀号,而是最平静地忍受现实,每当这一类灾难向他袭来时。"

2　这里"阵亡者"言说的对象悄悄发生了改变:开头间接对"父亲和母亲"言说,这里建议勇敢地忍受不幸以及对"勿过度"这句箴言深信不疑时,面向的对象则转向"父亲",随后则又再次转向"父母"言说。劝慰父亲的内容多于母亲,或许意味着父亲应比母亲更理性地面对和忍受不幸。

我们恳请我们的父母［b5］怀着同样的想法度过余生，明白他们不能通过哀悼我们或为我们痛哭而使我们极大地喜悦。假如死者对生者有某种感知，[1]［248c］那么，最不愉快的可能就是，生者不善待自己，且心情沉重地忍受不幸；而最让［死者］高兴的是，生者轻松且适度地［哀悼］。既然从此我们将有一个属于凡人的最美好的结局，因此更适合［c5］敬重而非哀悼它。通过关心、养活我们的妻子和孩子，把心思转到这上面，他们不仅能忘掉我们的厄运，而且［248d］能活得更美好、更正确，对我们［显得］更亲爱。[2] 对我们的［父母］，我们说这些已经足够。

---

[1] 这句话是《默涅克塞诺斯》中唯一一次对某种怀疑的暗示，亦即怀疑死者能够感知到生者。这里的假设语气暗示了一种哲学立场，因为在古希腊人看来，灵魂不死是他们信奉的多神宗教的基本信条，只有哲人才会对这种信仰产生怀疑，流露出不信任。

[2] 这里"阵亡者"建议了一条切实可行的使父母们减轻哀思的途径，即将心思用在照看、养活亡儿的

对于城邦，我们或许该建议她关心我们的父亲和儿子，妥当地教育我们的儿子，[d5] 妥善地赡养我们的父亲。不过，我们知道，即使我们不建议，[城邦也会] 充分关心 [他们]。

　　阵亡者的孩子和父母啊，这些就是他们 [248e] 嘱托我们宣告的话，我尽可能最热忱地做了宣告。我自己也代他们恳求 [你们]，孩子们要模仿自己的 [父亲]，父母们要对自己的 [生活] 有信心，我们会从公私两方面赡养和关心你们，[e5] 不论谁在哪儿遇到任何一位阵亡者的任何一位 [亲人]。[1]

妻子和孩子身上。在该建议中，"阵亡者"使用了"正确"（orthos）这个智术师用语，似乎在暗示他们的建议具有的哲学内涵以及修辞术痕迹。

1　在模拟阵亡者的口吻讲述完他们要告诉孩子、父母以及城邦的话后，苏格拉底这里继续讲述葬礼演说直接面向阵亡者孩子和父母的内容。苏格拉底说他尽可能最热忱地宣告了阵亡者们嘱托他的话，又站在阵亡者战友的角度向阵亡者亲属表态。

[附释] 这部分内容，就形式来说，呈现出演说套演说的结构，最能体现《默涅克塞诺斯》是一篇具有多重虚构和隐藏的作品：柏拉图虚构了苏格拉底，苏格拉底或虚构或没有虚构写作演说辞的阿斯帕西娅，阿斯帕西娅又虚构了雅典阵亡者的言辞。

这里不仅运用了复杂的写作手法，而且"在这些给家人的消息中，苏格拉底的葬礼演说出现了最严肃和庄重的时刻"，以至于苏格拉底似乎一改之前的反讽语气。但是，若考虑到这里的修辞格采用的是"在最近战争中的阵亡者的口吻"，亦即那些为了波斯国王的利益而战的科林多战争阵亡者的口吻，那么这段阵亡者演说体现的反讽性就愈发深刻，尽管阵亡者劝导的内容值得肯定。

就文体来说，依据葬礼演说文体的要求，苏格拉底一开始在演说开场白部分曾概括赞美内容的次序：先是阵亡者的高贵出身，其次是他们的滋养品和教育，最后是他们的行动。总体来看，这篇演说基本遵循了这个次序。然而，开场白中却未提到借助阵亡者之口"劝慰"在世亲属这个部分。有观点认为,这个在开场白中未提及的"劝慰"部分可看作苏格拉底的即兴创作,就像他提到阿斯帕西娅"创作"这篇演说时"一部分出自即兴构思"一样。

就内容来说,这篇演说中的演说总体可分两部分,前一部分是阵亡者对其孩子们的劝勉,后一部分是对父母们的抚慰。在劝勉孩子这部分,不仅或隐或显地提到古希腊人崇尚的各种德性,而且三次出现"德性"一词。阵亡者现身说法,谆谆告诫孩子们要做有德性的高贵之人,要配得上祖先们的荣耀,这种教导以及这样的意识,无疑是培育有德性城邦民的根本途径。

而"阵亡者"对父母们的抚慰,风格上与他们对孩子们的劝勉有较大不同。他们不再用像对孩子们说话那样的直接言说方式,而是采用间接的表达方式,这最直观地体现在人称代词的使用上,即指称父母时不再用"你们"而是改用"他们"。这种言说方式的转换非常反常,因为阵亡者的孩子和父母都同样会出现在葬礼仪式现场。另外，就建议的内容来说，"阵亡者"对父母们的建议，也与他们对孩子们的教导有明显不同。"阵亡者"对于孩子们主要在鼓励他们做一个有德性、爱名誉之人，而对于父母们则侧重建议和抚慰他们节哀顺变、安度晚年。

展示城邦的善后举措

你们自己知道城邦的关怀如何，她制定了关于战死沙场者的孩子和父母的法律来关心［你们］，而且［249a］最高当局已经下令要与［保护］其他城邦民有所不同地保护［你们］，以便这些［阵亡者］的父母不受到伤害。她把孩子们抚养长大，一心让他们的孤儿身份尽可能不那么明显，［a5］在他们尚且年幼的时候，担负起父亲的角色。一旦他们成年，她就把全副武装的他们送回他们自己的［家乡］，指出并重温他们父亲的事业，赠予他们带有祖传德性的工具；［249b］一旦吉兆［出现］，就［让他们］来到父亲的家中实行统治——用武力统治,因为配备了武器。1

她从未忽略对那些阵亡者的尊敬,每年都公开为所有人举办那些风俗[仪式]——[b5]就像[人们]私下里为每一个人举行的那样——此外,她还设立了体操、马术和各种诗歌竞赛。2由于命运随意地把她放到了阵亡者的继承人和儿子的位置上——[249c]她处于[阵亡者]儿子

---

1 这里暗示城邦会给孤儿们举行公共的成年仪式。其实,在每年的酒神大节上演肃剧之前,阵亡城邦民已成年的孩子,会身着重装盔甲出现在人们面前,以标志着他们正式承担起一家之主的责任。这些孤儿回到自己的家乡后,会择吉日让他们正式治家理事。

2 这句话通常被认为包含了关于雅典公共葬礼仪式的重要文化信息。据苏格拉底,雅典城邦为了表达对战争阵亡者的尊敬,每年都会为他们举行相应的风俗仪式,这些仪式虽然私下里也举行,但是雅典还把它们提高到城邦层面举办。苏格拉底这里提到的风俗仪式,很可能也包含公共葬礼仪式,此外还有其他专门纪念死者的节庆。

们的父亲的位置，[以及]阵亡者父母的受托人的位置——她始终面面俱到地关怀着所有人。

注意到这些，就应当更平静地承受不幸，因为对于阵亡者和生者来说，[c5]这样做，你们会是最可爱的人，并且易于治愈别人和治愈自己。

现在，你们和所有其他人，已经根据法律共同哀悼过阵亡者，可以回去了。[1]

[附释]苏格拉底为默涅克塞诺斯"转述"的葬礼演说到此结束。

在这篇葬礼演说的这个结尾部分，苏格拉底讲述了城邦对阵亡者亲属的关怀和责任，让城邦以军属看护者的形象出现。前文苏格拉底一直颂扬城邦民个人为城邦奉献和牺牲是高贵之举，反

---

1 这句话是这篇葬礼演说的"结语"部分，从葬礼演说文体来看，这部分一般都较简短。苏格拉底再次提到举行这样的葬礼仪式哀悼阵亡者是城邦法律的规定，并随即宣布相关哀悼人员结束哀悼并返回。

过来城邦体恤和善待阵亡者亲属,消除"阵亡者"的后顾之忧,则是城邦应尽之责和直接涉及城邦长远安全利益的重要政治举措。苏格拉底这样说,即可以让这些亲属更平静地承受不幸,又呼应对话开篇,再次提醒有政治抱负的默涅克塞诺斯,政治的核心是关怀和看护。

苏格拉底提到,阵亡者的孩子成年后会获赠"带有祖传德性的工具",这是"德性"一词在整篇葬礼演说中最后一次出现。通观整篇葬礼演说,"德性"一词一共出现了 16 次,分别为:"开场白"部分 2 次,"赞美"部分 10 次,"抚慰"部分 3 次,"结语"部分 1 次。由此可见,"德性"一词贯穿整篇葬礼演说,体现了苏格拉底对德性的重视与强调。在这一点上,可以说苏格拉底整篇葬礼演说是一首德性的赞歌。

然而,这样的赞歌又与对话开始部分苏格拉底嘲讽的葬礼演说人的赞歌不同——他们只是无当地任意堆砌溢美之词——它借助的是雅典人在具体的历史事件中展现的崇高德性,并弘扬了这种德性。同时,苏格拉底也将对雅典人德性衰败的批评,巧妙地寓于其"春秋笔法"之中,这样做既符合公共葬礼演说的要求,也暗中传达了他对相关事件的态度与思考。鉴于听众只有默涅克塞诺斯一人,苏格拉底针对德性的这种关切及修辞,对于有志从事城邦事务的青年默涅克塞诺斯,很难说不是一种量身定制的政治教诲。

尾 声

[题解] 这篇对话结尾简短，默涅克塞诺斯在赞美苏格拉底演示的葬礼演说的同时，却依然未对后者将之归于阿斯帕西娅的说法表示信服，而是言语之间维持了与苏格拉底一贯反讽的默契。鉴于默涅克塞诺斯的谦逊态度和对这篇演说的热爱，苏格拉底许诺今后会告诉他更多来自阿斯帕西娅的美丽演说。

[249d] 默涅克塞诺斯呀，这就是[你让我]给你的米利都的阿斯帕西娅的演说。

默　凭宙斯，苏格拉底啊，你所讲的这位阿斯帕西娅该多有福啊，如果身为一个女人，她竟能［d5］创作这些演说。[1]

苏　要是你不相信,那就随我来,你听她讲好了。

默　苏格拉底啊,我遇到阿斯帕西娅好多次了,我知道她是什么样的人。

苏　［d10］然后呢?你不佩服她?现在不因这篇演说而感激她?

默　非常感激,苏格拉底啊,由于这篇演说,我非常感激［249e］那个人,或者那任何一个把它告诉你的人。最主要的,我要感激讲述

---

[1]　默涅克塞诺斯"这些演说"的说法,表明他感叹的不仅仅是刚刚听完的这篇演说,而是由于这篇演说如此出彩,以及苏格拉底开头说她还创作了其他演说,令他产生丰富联想。默涅克塞诺斯这里的语气明显具有反讽,他尤其提到了阿斯帕西娅的女人身份——与苏格拉底强调阿斯帕西娅的外邦人身份不同——他似乎因为她的性别身份才对苏格拉底关于她是演说辞作者的说法深感怀疑。

它的人。1

苏　好极了。不过，只要你不告发我，今后我会告诉你很多来自她的美丽的［e5］城邦演说。2

默　你放心，我不会告发［你］。只管告诉［我］。

1　默涅克塞诺斯虽然表示了自己的感激，但依然没有将感激的对象设定为阿斯帕西娅，而是用了"那个人"这个看似指向明确实则模糊的指代方式，因为"那个人"的含义难免不是"那个任何一个把它告诉你的人"——默涅克塞诺斯用这种方式坚持着自己因遇到过阿斯帕西娅"好多次"而做出的对她的判断。默涅克塞诺斯的判断或许可靠，但也不排除他对她有很深的偏见。无论如何，他都并没有说破，而是声明自己最应该感激的是讲述这篇演说的苏格拉底。

2　即便默涅克塞诺斯深信阿斯帕西娅不可能是这篇演说的作者，苏格拉底依旧视而不见，而是再次叮嘱对方不要告发他，这样他就会回报很多阿斯帕西娅美丽的城邦演说——苏格拉底把他的装样子演绎得非常彻底。

苏　一定会的。

[附释] 听完整篇演说以及听苏格拉底再次提到阿斯帕西娅，默涅克塞诺斯惊叹不已，这反映在他听完后的第一反应是以宙斯的名义发誓。实际上，整篇对话仅有两处以宙斯名义发誓，另一处是苏格拉底在对话开篇部分所发，以此向默涅克塞诺斯确认他认为在雅典人中成功发表葬礼演说赞美雅典人没什么大不了。这里，默涅克塞诺斯的发誓虽然同样以宙斯的名义，但他针对的却是苏格拉底再次将演说归于阿斯帕西娅的做法。默涅克塞诺斯以这样强烈的方式，对苏格拉底的说法表示了质疑。

苏格拉底看出默涅克塞诺斯内心对作者身份的质疑，提议一同前往阿斯帕西娅处听演说以证实自己说法。对此，默涅克塞诺斯并未正面回应，却渴望从苏格拉底那里听到更多城邦演说。默涅克塞诺斯的这一反应，无形中体现了他的取舍态度。

文末的"城邦演说"一词，亦可译为"政治演说"。苏格拉底提到这篇演说是政治演说，而默涅克塞诺斯又对政治有爱欲，如此一来，苏格拉底答应今后告诉对方更多类似的演说，意味着他就此开始了对默涅克塞诺斯的政治教育，同时也意味着今后会更加深入地对他进行这方面教育，无论将来那些演说辞是不是真的如他所说来自阿斯帕西娅。

总之，结尾处两人简短的对话，再次显示默涅克塞诺斯对苏格拉底的修辞风格具有一定的辨识力，这种不盲信的做法与他同苏格拉底的熟识和默契有关，尽管我们并不能确定刚刚成年的他是否能够充分领会苏格拉底为他演示的这篇葬礼演说辞的真实意图。无论如何，有着良好资质和显赫出身、关心城邦事务且乐于接受苏格拉底教诲的默涅克塞诺斯，由于对美丽和高贵的言辞的爱欲以及对苏格拉底本人的亲近，今后定会有更多可能进一步接受苏格拉底为他量身定制的谆谆教导。

图书在版编目（CIP）数据

默涅克塞诺斯 /（古希腊）柏拉图著；李向利译.
北京：华夏出版社有限公司，2025. --（阅读柏拉图）.
ISBN 978-7-5222-0814-5

Ⅰ. B502.232

中国国家版本馆CIP数据核字第2024NE5844号

默涅克塞诺斯

作　　者	[古希腊] 柏拉图
译　　者	李向利
责任编辑	马涛红
美术编辑	殷丽云
责任印制	刘　洋
出版发行	华夏出版社有限公司
经　　销	新华书店
印　　刷	北京汇林印务有限公司
装　　订	北京汇林印务有限公司
版　　次	2025年9月北京第1版 2025年9月北京第1次印刷
开　　本	787×1092　1/32
印　　张	4.125
字　　数	53千字
定　　价	39.00元

华夏出版社有限公司　　　地址：北京市东直门外香河园北里4号
邮编：100028　网址：www.hxph.com.cn　电话：(010)64663331(转)
若发现本版图书有印装质量问题，请与我社营销中心联系调换。